CHINESE
PRACTICE
WITH
CHINESE
WISDOM

中国智慧中国行

中国智慧中国行

本书编写组　编著

江苏人民出版社

图书在版编目（CIP）数据

中国智慧中国行 / 本书编写组编著 . -- 南京：江
苏人民出版社，2025.2
ISBN 978-7-214-28339-9

Ⅰ．①中… Ⅱ．①本… Ⅲ．①中华文化—通俗读物
Ⅳ．① K203-49

中国国家版本馆 CIP 数据核字（2023）第 169084 号

书　　　名	中国智慧中国行
编　　　著	本书编写组
责 任 编 辑	汪思琪　强　薇　陈　颖
特 约 编 辑	王光亚
责 任 监 制	王　娟
装 帧 设 计	有品堂 _ 刘　俊
出 版 发 行	江苏人民出版社
地　　　址	南京市湖南路 1 号 A 楼，邮编：210009
照　　　排	南京私书坊文化传播有限公司
印　　　刷	南京爱德印刷有限公司
开　　　本	718 毫米 ×1000 毫米　1/16
印　　　张	18　　插页 4
字　　　数	223 千字
版　　　次	2025 年 2 月第 1 版
印　　　次	2025 年 2 月第 1 次印刷
标 准 书 号	ISBN 978-7-214-28339-9
定　　　价	88.00 元（精装）

（江苏人民出版社图书凡印装错误可向承印厂调换）

序一

葛 莱

2023 年 6 月，在国家广播电视总局的指导下，中共江苏省委宣传部、江苏省广播电视局、江苏省广播电视总台联合推出了 10 集理论节目《中国智慧中国行》，通俗化、视听化阐释习近平新时代中国特色社会主义思想。节目在全国所有省级卫视和重点视听平台轮播，开播仅 1 个月，电视端触达超 3 亿人次，网络端播放量超 6.4 亿次，取得现象级传播效果，成为推动党的创新理论"飞入寻常百姓家"的典型案例。

为进一步推进党的创新理论大众化，共同构建起认知理解党的创新理论的全新桥梁，我们又策划推出同名通俗理论读物《中国智慧中国行》。

2021 年 7 月 1 日，在庆祝中国共产党成立 100 周年大会上，习近平总书记首次提出"把马克思主义基本原理同中国具体实际相结合、同中华优秀传统文化相结合"[①]。"两个结合"特别是"第二个结合"的提出，是一次重大的理论创新。2022年10月16日，在党的二十大报告中，习近平总书记深刻指出："中华优秀传统文化源远流长、博大精深，是中华文明的智慧结晶，其中蕴含的天下为公、民为邦本、为政以德、革故鼎新、任人唯贤、天人合一、自强不息、厚德载物、讲信修睦、亲仁善邻等，是中国人民在长期生产生活中积累的宇宙观、天下观、社会观、道德观的重要体现，同科学社会主义价值观主张具有高度契合性。"②这一重要论述，创造性地阐明了马克思主义同中华优秀传统文化相结合的内在依据、重点内容，体现了坚定的历史自信和文化自信，具有高度的洞察力和深刻的穿透力。

我们深感"天下为公"等十个重要理念，流传千古、耳熟能详，正是"跨越时空、超越国度、富有永恒魅力、具有当代价值的文化精神"③的集中体现，也是领悟我们党如何把马克思主义思想精髓同中华优秀传统文化精华贯通起来、同人民群众日用而不觉的共同价值观念融通起来的"金钥匙"。由此我们设想：从这十个重要理念入手，聚焦"两个结合"特别是"第二个结合"，生动展现马克思主义与中华优秀传统文化相结合的伟大创造，生动展现我们党开辟马克思主义中国化时代化新境界的伟大实践，打造一部学习传播习近平新时代中国特色社会主义思想的高质量作品。

近年来，江苏省广播电视总台推出了理论访谈品牌栏目《时代问答》，策划了《马克思是对的》等较有影响的理论节目，在理论传播方面积累了一些经验，但创作《中国智慧中国行》仍然是一次全新的探索、一个巨大的挑战。我们启动了重大项目联合攻关机制，调集了台内22个部门的骨干员工组成项目团队，每个重要理念又成立一个课题小组，从专题研究到推演论证，从学术台本到电视台本，从组织拍摄到剪辑制作，全台尽锐出战，历时数月，使节目基本成形。之后，我们又以节目为基础进行更深入的理论转化，将马克思主义理论研究和建设工程专家、文哲类专家、新时代实践者、中外青年代表等不同身份嘉宾的观点融入同名通俗理论读物中，设置"说文解字""域外声音""经典诵读"等多个版块，图文并茂地引导人们深刻感悟马克思主义同中华优秀传统文化相结合的现实成果。

2023 年 6 月 2 日，习近平总书记在文化传承发展座谈会上发表重要讲话，从党和国家事业发展全局的战略高度，对中华文化传承发展的一系列重大理论和现实问题作出全面系统深入阐述。让我们感到欣喜的是，《中国智慧中国行》在主题和立意上与习近平总书记的重要讲话精神高度吻合、高度呼应。我们将习近平总书记关于中华文明的突出特性、"两个结合"的重大意义等的重要论述，及时、全面、充分融入节目和同名通俗理论读物中，让文化传承发展座谈会精神得到具象化呈现。

在《中国智慧中国行》的创作过程中，我们聚焦创新表达，努力把鲜活的思想讲鲜活，把彻底的理论讲彻底。

一是注重理论与实践相贯通。在命名时，我们的定位就是，既要聚焦理论深入阐释"中国智慧"，又要突出实践生动呈现"中国行"。所谓的"行"，一方面强调我们从中华优秀传统文化中汲取智慧力量，成功走出了一条中国特色社会主义道路，凸显"中国化时代化的马克思主义行"；另一方面突出中华优秀传统文化创造性转化、创新性发展的生动实践，采用"行进式寻访"的方式，把理论传播与实践点例相结合、与百姓故事相结合，充分彰显党的创新理论的真理力量和实践伟力。我们力求把理论"讲准"，认真学习领会习近平总书记相关重要论述和《人民日报》、新华社、《求是》等权威媒体刊发的重要文章，把握精髓要义；力邀北京大学、中国人民大学、北京师范大学、南京大学等高校的知名专家，设立专家顾问组，反复推敲、精心打磨内容。对每一个重要理念在忠实于原文原著原义的基础上，注重揭示其中蕴含的治国理政的思想智慧、格物究理的思想方法、修身处世的道德理念，深入阐述其精神实质、丰富内涵和实践要求。要求每一句经典引用都要有可靠来源，每一处重要提法都要有权威依据，确保理论阐释的准确性。我们力求把理论"讲透"，既追本溯源，深度解读中华优秀传统文化的源头与流变，引导人们深刻感悟马克思主义与中华优秀传统文化相契合的内在逻辑；更借古开今，聚焦新时代中国特色社会主义的宏阔实践，生动讲述这些中国智慧与马克思主义相结合之后在新时代新征程展现的蓬勃生机与旺盛活力，深入阐释习近平新时代中国特色社会主义思想对丰富和发展马克思主义的原创性贡献。我们力求把实践"讲活"，紧扣新时代发生的历史性变革、取得的历史性成就，贴近人民群众实际生活和切身感受，挖掘弘扬中华优秀传统文化时代价值的生动点例。通过一个个鲜活的故事，在理论与实践的相互印证中，直观展现党的创新理论的实践伟力，传递出暖暖的实践温度。

二是注重思想与文化相辉映。"天下为公"等十个重要理念蕴含着丰富的哲学思想、人文精神、价值理念和道德观念。我们采取文化解析、文艺呈现的方式，着力打造文化形态的理论节目，使之成为一场思想盛宴和文化盛宴，给观众智慧的启迪、文化的熏陶和美的享受。节目的各个环节和整体包装融入了诗词歌赋、传统建筑、民乐、书法、篆刻、戏曲、武术、舞蹈等诸多中华文化元素，力求让深刻的哲理、严密的学理获得具象表达。总片头"中国智慧中国行"和每一集分片名，邀请中国书法家协会主席孙晓云题写。片尾设置"钤印留存"环节，每一个古语都邀请一位知名篆刻家创作了主题篆刻作品。每集结尾的经典诵读环节，朗朗童声带领观众品读华夏经典、重温千古名篇。这些文化元素与节目融为一体，丰富了节目的内涵，强化了节目的表现力，延展了节目的人文价值，令观众在润物无声中更加深刻感悟中华文明有源有流、有根有脉，感悟中国特色社会主义深厚的"道路根基"与"文化根基"。而这些中华文化元素也在同名通俗理论读物中得到重点体现，书眉、篇章页等皆经过精心设计并辅以精美图片，使文化流淌的痕迹跃然纸上。

三是注重年轻态与国际化。我们把年轻人作为重要的目标受众，凸显鲜明的青春气质，力争在语态、形态、样态等多个维度与年轻受众实现同频共振。在节目中，30多名来自北京大学、清华大学、复旦大学、南京大学等高校的优秀学子作为"青年代表"讲述故事、提出问题、分享观点、表达态度，与专家交流互动，深度融入节目的各个关键环节。参加节目的现场观众也都是来自高校的青年学子，他们与场上的"青年代表"互相呼应，积极回应主持人提出的问题，主动发表自己的见解。节目的外景主持人全部由年轻人担纲，他们以青年的视角观发展、看变化，以青年的思维谈感触、说体悟，与场内形成有机互补。年轻人的声音成为节目的重要组成部分，更易激发年轻受众的共鸣。节目组还邀请B站UP主创作了一首说唱风格的主题曲，契合当下的"新国潮"，让稳重大气的理论节目增添了年轻人喜欢的"酷炫"味道。在同名通俗理论读物中，青年之声依然时刻唱响。与中国的高速发展、日新月异同步成长起来的新一代年轻人，感知敏锐、见解独到，他们的勇敢表达使《中国智慧中国行》摆脱了通俗理论读物常见的灌输式宣教，取而代之的是贴近现实的细微感触与活泼鲜明的青春气质。

我们还把海外受众作为重点传播对象，邀请海外专家学者和青年友人共同参与探访和讨论，从中西方文化比较研究的角度和文明交流互鉴的视角来解读中国智慧，用海外受众听得懂、听得进、听得明白的语言去阐释党的创新理论，彰显中国价值、传扬中国精神。节目组邀请外文出版社荣誉英文主编、中国政府友谊奖获得者、《习近平谈治国理政》英文版改稿专家大卫·弗格森担任主讲嘉宾之一——他长期走访中国各地，对中国的发展有着独到见解；邀请潜心研究中国汉字20余年、被网友亲切称为"汉字叔叔"的美国人理查德·西尔斯担任"说文解字"环节的讲解嘉宾，既增加了外国人看中国智慧的新视角，也印证了中华优秀传统文化的强大魅力；邀请了来自法国、俄罗斯、马来西亚、老挝、坦桑尼亚等10多个国家的青年代表参与节目的现场录制。为了进一步扩大海外影响力，我们还针对文化语境差异、遵循国际传播规律，进行二度创作，策划推出10集《中国智慧中国行》国际版，将中国话语与国际视野有机结合，内容表达更通俗易懂、更贴近国际受众。同名通俗理论读物中也专门辟出"域外声音"等版块，以不同的视角引领读者深入解读"天下为公"等十个重要理念。

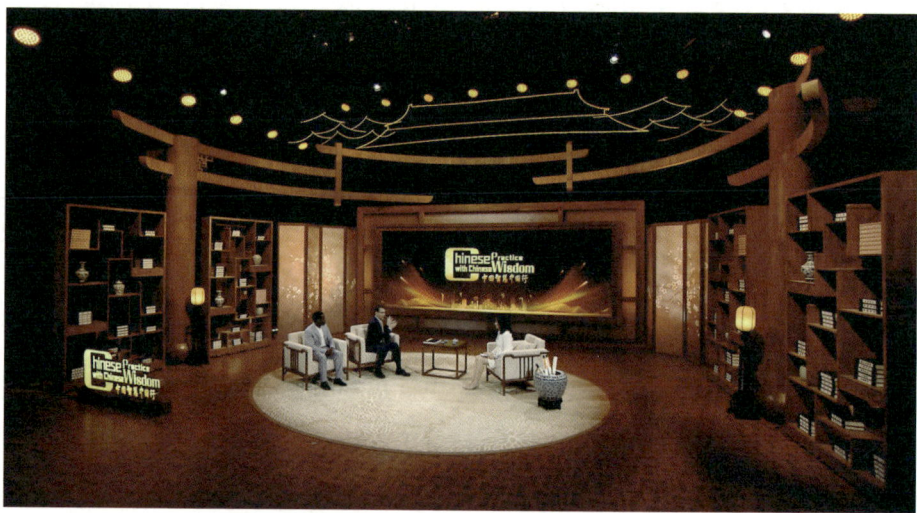

《中国智慧中国行》国际版录制现场

　　《中国智慧中国行》的创作，既深化了我们对党的创新理论大众化传播的认识，更强化了我们的责任担当。如果说，当年推出《马克思是对的》，主旨在于解读"为什么马克思主义行"，那么今天推出

《中国智慧中国行》，则是重在进一步诠释"为什么中国化时代化的马克思主义行"。在创作过程中我们感悟到，要做好理论传播，需要把握好以下几点。

一是坚持教育人民与服务人民相结合。党的创新理论大众化传播，从根本上是要使理论为大众所掌握，使之成为指导人民认识世界和改造世界的强大思想武器。理论传播是教育群众、引导群众的重要方式，是凝聚共识、汇聚力量的重要手段，对于全面推进强国建设、民族复兴伟业具有重要意义。同时要认识到，主流媒体必须在服务群众当中更好地教育引导群众。这就要求我们必须增强受众意识，摆脱灌输式宣教的路径依赖，坚持以创新的理念传播党的创新理论，从内容、表达、呈现、传播等各个维度进行全方位创新，真正让党的创新理论为人民所喜爱、所认同、所拥有。

二是坚持学理支撑的"深入"与话语表达的"浅出"相结合。列宁曾精辟地指出，最高限度的马克思主义＝最高限度的通俗化。④理论传播要有坚实的学理支撑、严密的逻辑体系，要讲清楚新时代与新课题、新思想与新论断、新成就与新变革、新高度与新境界，这是前提和基础。同时一定要做好"话语转化"，要把深奥的理论语言转化为通俗的大众语言：既要讲好道理，又要讲好故事；既要以理服人，又要以情动人；既要有意义，又要有意思。这样才能真正深入人心、落地生根。

三是坚持大众化传播与融合传播相结合。"拍给谁看、讲给谁听"，这是理论传播策划之初就要思考的问题。在当前新的媒体生态下，理论节目只有适应分众化、差异化、对象化传播趋势，采取多渠道、多介质、多维度的立体融合传播，才能实现"大众传播效应"。一部优秀的理论作品，是"思想＋艺术＋技术"的结晶。理论传播要正确运用新的技术、新的手段，激发创意灵感、丰富文化内涵、表达思想情感，努力呈现思想之美与艺术之美交融的新境界。

（作者系江苏省广播电视总台党委书记、台长，江苏省广播电视集团董事长）

注释：　　① 习近平：《在庆祝中国共产党成立 100 周年大会上的讲话》，《人民日报》2021 年 7 月 2 日。

② 习近平：《高举中国特色社会主义伟大旗帜　为全面建设社会主义现代化国家而团结奋斗——在中国共产党第二十次全国代表大会上的报告》，《人民日报》2022 年 10 月 26 日。

③ 习近平：《文明交流互鉴是推动人类文明进步和世界和平发展的重要动力》，《求是》2019 年第 9 期。

④ 列宁：《关于四月代表会议的报告的纲要》，《列宁全集》第 36 卷，人民出版社 1959 年版，第 468 页。

序二

徐小跃

　　智慧是人之所以为人的本质属性，是天地赋予人并经过人们的长期社会实践活动后产生发展起来的人性的光辉、人生的体悟、生命的升华。智慧是人的一种判断能力与选择能力。古人有云："决断曰智，简择曰慧。""照见名智，解了称慧。"我谓之"智判慧择"。人类去判断和选择那些有意义、价值的对象加以追求与信仰从而形成文明的世界。而不同的民族和国家因为众多客观的原因对他们认为有意义、价值的对象及其目标进行判断和选择又是不尽相同的，从而产生了世界上不同的文明形态。古希腊文明出于对外在自然的惊奇感选择了"自然"作为他们追求的价值对象；古希伯来文明出于对超越上帝的敬畏感选择了"上帝"作为他们追求的价值对象；而我们中华文明出于对人的内在心性的忧患感选择了"心性"作为我们追求的价值对象。中华文明是一种心性文明，它重视的是对社会人生问题的探讨。

一

中华民族是富有智慧的民族。它对"社会人生"的关注一定是建立在对一种合乎人性与社会文明发展方向的认知的基础之上的。中国人是依靠着这种智慧去判断和确定是非善恶的。"是非之心，智之端也"（《孟子》），此之谓也。中国古人坚信，要在"社会人生"中获得智慧，要在"光明心性"中获得智慧，要在"变化气质"中获得智慧，要在"人人关系"中获得智慧，要在"天人关系"中获得智慧。中国古代的思想家们凭借他们的聪明智慧提出和创造出许多"跨越时空、超越国度、富有永恒魅力、具有当代价值的文化精神"[1]。他们将这种文化精神反映在中国人的思想观念、人文精神和道德规范之中。所以党的十九大报告明确指出："深入挖掘中华优秀传统文化蕴含的思想观念、人文精神、道德规范，结合时代要求继承创新，让中华文化展现出永久魅力和时代风采。"[2]而这些反映着中国智慧的思想观念、人文精神、道德规范又被具体凝聚成"讲仁爱、重民本、守诚信、崇正义、尚和合、求大同"[3]，归纳于"天下为公、民为邦本、为政以德、革故鼎新、任人唯贤、天人合一、自强不息、厚德载物、讲信修睦、亲仁善邻"[4]等概念和命题。习近平总书记最近又指出，中华优秀传统文化有很多重要元素，共同塑造出中华文明的突出特性，即连续性、创新性、统一性、包容性、和平性。[5]以上的所有思想观念、人文精神和道德规范都是中华文明的智慧结晶，都是中国人民在长期生产生活中积累的宇宙观、天下观、社会观、道德观的重要体现。

有了智慧，有了思想，有了精神，有了道德……当要推至于事事物物之中，这是中华传统文化最具特质的智慧形式，或可将这种智慧特征称为"实践理性"。明代思想家王阳明又将这种智慧称为"知行合一"。真正的智慧一定不仅仅是理论和学术层面的抽象的"死物"，而是一定会见诸外体现于具体而又鲜活的行为和行动的。智慧与行动是合一的，智慧即行动是也。由此可见，"中国智慧中国行"这个题目本身就表征着中华优秀传统文化的本质特征。

中国智慧又体现在它能够根据不同的时空变化去不断继承创新，这种智慧的价值取向集中在三个维度——过去、现在、未来，由此决定了中华传统文化十分注重对文化的过去、现在、未来的考量和探寻；这种智慧的思维方式集中在两个方向——内在与外在，由此决定了中华传统文化十分注意对本有的文化和外来的文化的结合与融合。

二

创新观念始终是与融合观念紧密相连的。中华民族很早就具有了这种思想观念和思维方式，即中华传统文化中的"和合观"与"文化观"，或简称为"和观"与"文观"。由此可见，"和观"与"文观"是中华传统文化和中华文明中非常独特的思想观念。这一思想观念的核心就是突出不同东西、不同事物、不同文化的"杂糅""不乱""有序"，从而达到"并育""并行""共生"，以实现和谐美善。孟子说："物之不齐，物之情也。"意思是说，万物的不同和差异是万物的情形、情状。《中庸》说："万物并育而不相害，道并行而不相悖。"意思是说，不同物的"并育"所要实现的是"不相害"，不同道的"并行"所要实现的是"不相悖"；而"不相害""不相悖"就是"和谐"，就是"和善"，就是"和美"。我们面对的世界是多样性的、差异性的，我们身处的社会是历史性的、具体性的，我们植根的文化是多彩性的、丰富性的。

《说文》释"和"曰："相应也，从口禾声。"既然是"相应"，就表明有不同的元素的组合。"和"是多样性的统一。单一因素相加只有"同"，多种因素巧配方成"和"。这就是《国语·郑语》所说的："和实生物，同则不继。以他平他谓之和，故能丰长而物归之；若以同裨同，尽乃弃矣。"这就明确告诉人们，以不同的物去平和其他不同的物才能实现和的局面，才能使物生长，并让物都能使其本性呈现和归止。而要是以同样的物增添到同样的物中去的话，那还是原来的物，不可能有新的物产生。

物相杂且相应写作"和"，饮食调和写作"盉"，音乐和谐写作"龢"……最后统一写作"和"。它们一致地指向"物非一""物多样"的相应而达到的"美善"之境者也。中华传统文化很早意识到，凡涉及"文"的范畴（或说问题），都要遵循"文"本身的本质规定性。"凡文之属皆从文"（《说文解字》)，此之谓也。"物相杂，故曰文"（《周易》)，此之谓也。"五色成文而不乱"（《礼记》），此之谓也。通俗地说，凡是属于"文"的存在，如天文、地文、水文、人文、文化、文明、文人、文物、文艺等都依从"文"的属性及其特点。而"文"的属性正是在于"它"的"多"—"杂"—"合"—"不乱"（"和"）—"修饰"—"美善"呢！总之，"和观"表达的是"和而不同"的价值理念，"文观"表达的是"文而非一"的价值理念。

所以中华传统文化和中华民族文明所表征的"和合文明"实际上是一种指向"人文"的文明。"文明以止，人文也"（《周易》），此之谓也。而以人文为其内容的文明则又是指向"天下"和"心性"的文明。"见龙在田，天下文明"（《周易》)，此之谓也。在中华传统文化思想观念中，"天下"乃是一个心性、道德、精神、文化的概念。所以，呈现和展现中华文明的连续性、创新性、统一性、包容性、和平性的思想内容正是她的"心性文明"。心性文明所强调的是"在明明德，在亲民，在止于至善"以及"格物致知，诚意正心，修身齐家治国平天下"（《大学》），具体体现在修己以德、为政以德、为政在人、教以人伦、观乎人文以化成天下、天下大同、天人一体等思想观念之中。当然也更体现在《中国智慧中国行》所选取的党的二十大报告中归纳的"天下为公""民为邦本""为政以德""革故鼎新""任人唯贤""天人合一""自强不息""厚德载物""讲信修睦""亲仁善邻"十个概念和命题之中。

三

中华文化的"和合观""文化观"所形成的思想观念和思维方式一定是无私的，一定是非一的，一定是人民的，一定是关系的，一定是包容的，一定是创新的，一定是崇德的，一定是仁爱的，一定是大同的。

诚如上述，"天下"在中华传统文化中的许多情况下是一个心性、道德、精神、文化的概念。"天下为公"宣扬的是大公而无私、公正而无偏、公平而无差的理想境界；公德是中华传统文化的基础性德目。任何道德都需要由人去执行和贯彻，反映在社会政治治理和管理上必然要求"为政在人"。而"人"又必须是一个有德有才的人，一个能够以道去严于修身的人，一个能够将人民视为国家的根本性所在的人，一个能够推行仁爱的人。一句话，一个能够坚持"为政以德""道之以德"的人。诚如《中庸》所说："故为政在人，取人以身，修身以道，修道以仁。"这一德行具体又必然地体现在"任人唯贤""民为邦本""讲信修睦""亲仁善邻"等思想观念之中。只有出于公心才能够不任人唯亲，而是"任人唯贤"。只有出于公心才会视民为国家之本。只有出于公心才能够不独亲其亲；才能够与别人别国"讲信修睦"；才能够崇尚辞让，反对争夺与霸凌。"讲信修睦，尚辞让，去争夺"（《礼记》），此之谓也。只有出于公心才能够由近及远，"亲仁善邻"。仁德政治、贤能政治、教化政治于是成为"为政以德"的核心价值观。"公"乃天下之公器，天下之大道。大道是基础，大道是原则，大道是普遍。"大道之行，天下为公"（《礼记》），此之谓也。

"大道"在中华传统文化中被表述为"天""天道"。与此合一者就叫作"天人合一"。天地有大德者，人要效法之。天体运行，日月轮转，四时交替，刚健有为，无有停息，日新又新，所以人道应当效法天道以"自强不息""革故鼎新"。大地之上万物其势不同，万类殊异，然各安其势，彼此和顺共处，所以人道应当效法地道以"厚德载物"。天人共源，天人一体，天中有人，人中有天，故而"天人合一"。"夫大人者，与天地合其德，与日月合其明，与四时合其序"（《周易》），此之谓也。人有天德，人有天道，呈现此德此道并与之合一，以实现人性的完善，"成己""成人"并最终"成物"，乃是中华传统文化"天人合一"的又一深义所在。

具体到中国共产党的百年奋斗历史，我们首先认识到要想取得中国革命和建设的成功，必须把马克思主义基本原理同中国具体实际相结合。而习近平总书记在党的二十大报告中又提出"第二个结合"，即把马克思主义基本原理同中华优秀传统文化相结合。党的二十大报告所概括出的那十个概念和命题正是对中华优秀传统文化的具体化表述。概括出这些思想的目的也是让大家找准马克思主义基本原理同中华优秀传统文化相结合的点位。

四

《中国智慧中国行》节目由国家广播电视总局指导，中共江苏省委宣传部、江苏省广播电视局、江苏省广播电视总台联合出品，自播出以后，获得了很高的评价和赞誉。

众多的报道对该节目的评价都是客观到位的。《中国智慧中国行》注重把优秀传统文化的精神标识提炼出来、展现出来，注重把优秀传统文化中具有当代价值、世界意义的文化精髓提炼出来、展现出来，坚持不忘本来、吸收外来、面向未来，在继承中转化，在转化中超越，充分展现出中华文明生生不息、薪火相传、与生俱来、与时俱进的生机与活力，从短短十个古语中，窥探中国智慧的历史脉络、思想魅力和时代价值。

中国"和合"性智慧运用到该节目中，为世人呈现了那么丰富多彩、形式多样的画面、场景、样态，通过节目组广大人员的精心设计、专心打磨、巧妙组合，最终给观众呈现出如此美善的视觉效果。

节目采用"文化溯源＋探寻者见证＋实践者讲述＋世界青年说＋权威专家阐释＋聆听总书记原声"的丰富结构，并综合手绘动画、情景演绎、歌舞表演、青年讲述、诗歌朗诵等观众喜闻乐见的多种表现形式，使古与今相结合、理论与实践相结合，实现了节目语态的年轻化，引发了广泛关注。

节目在多种形式之外，辅以外景寻访、沉浸体验等创新表达，打造了经典诵读、聆听论述、钤印留存等庄重时刻，共同构建起认知理解党的创新理论的全新桥梁。

对于《中国智慧中国行》，主流媒体肯定有高度，专业媒体推介有亮度，大咖撰稿点赞有深度，国际传播触达有广度。"节目充分彰显了习近平新时代中国特色社会主义思想深深扎根于中华大地，以高度的文化自信撷取中华文化精华，创造人类文明新形态的突出贡献"（王向明）。"《中国智慧中国行》将文化性、历史性、理论性等多种特点融合在一起，特别是把马克思主义的思想精髓同中华优秀传统文化的精华有机融合，可以使广大观众进一步体会马克思主义中国化、中华优秀传统文化的当代价值、民族意义以及广泛的世界意义。这档节目的成功推出，是对党的创新理论通俗化、大众化传播的一次成功实践，堪称通俗理论节目的标杆"（郝立新）。"《中国智慧中国行》这档节目，把很多传统文化元素都有机融入其中，是对中华文化一次非常成功的创新传播"（孙晓云）。"节目为主题教育和专题学习提供了高品质的视听'辅导教材'。同时，多方面的创新实践优化了电视理论节目的范式，并催生出新的样态"（杨明品）。"节目用丰富的内容组建方式化解了理论探讨的高冷与艰涩；在语态表达上，节目始终坚持青春的话语方式，打造了时尚前卫的青年语态"（冷凇）。"节目在思想性、艺术性、理论性、互动性等多个维度，树立了中国式电视理论节目有新意、有深意、有诗意的新标杆"（杨乘虎）。"中国历史很长很复杂，但节目的呈现将它放在全球历史坐标系中，让国际受众更易于理解，对国际化传播起到了很好的效果"（大卫·弗格森，外文出版社荣誉英文主编）。"（主题曲有）如此令人惊喜的创意，如此美好的呈现，如此具有美感的表现方式！"（米哈里，希腊著名主持人）。"录制后再次观看这个节目，更加能感受到中华传统文化的博大精深"（爱黎，法国）。《中国智慧中国行》口碑和热度双丰收的背后，是主创团队的赤诚匠心，是中华传统文化的独特魅力和视听语言鲜活表达下引发的强烈共鸣。文化底蕴与大众趣味的完美融合，使观众对内容甘之如饴，好评如潮的讨论之声就是生动的例证。

节目之后，主创团队又以节目为基础进行更深入的理论转化，策划推出同名通俗理论读物。虽然是以"通俗理论读物"来定位这本书的性质，但在通俗性的背后实际上蕴含着非常强的学术性、理论性、思想性、现实性以及人性和党性。它将集中体现中华文明智慧结晶的十个概念和命题阐释得如此深刻而又明晰，它将马克思主义基本原理同中华优秀传统文化结合得如此紧密而又明确，它将中国立场与世界眼光融合得如此到位而又明白。大道一定是至简的，但是要真正做到"大道至简"又是非常不容易的，然而《中国智慧中国行》做到了。我们为《中国智慧中国行》的成功播出而感到欣慰和欣喜，我们更有理由相信《中国智慧中国行》一书的出版发行在社会上定会产生更大影响。

让中国智慧流行中国，行走世界，这是我们的心愿，这是我们的企盼。

是为序。

（作者系南京大学哲学系教授、南京图书馆名誉馆长、江苏省文史研究馆馆员）

注释：　　① 习近平：《文明交流互鉴是推动人类文明进步和世界和平发展的重要动力》，《求是》2019 年第 9 期。

② 习近平：《决胜全面建成小康社会　夺取新时代中国特色社会主义伟大胜利——在中国共产党第十九次全国代表大会上的报告》，《人民日报》2017 年 10 月 28 日。

③ 习近平：《把中国文明历史研究引向深入，增强历史自觉坚定文化自信》，《求是》2022 年第 14 期。

④ 习近平：《高举中国特色社会主义伟大旗帜　为全面建设社会主义现代化国家而团结奋斗——在中国共产党第二十次全国代表大会上的报告》，《人民日报》2022 年 10 月 26 日。

⑤ 习近平：《在文化传承发展座谈会上的讲话》，《求是》2023 年第 17 期。

目录

天下為公

大道之行，天下为公。站立在九百六十多万平方公里的广袤土地上，吸吮着五千多年中华民族漫长奋斗积累的文化养分，拥有十三亿多中国人民聚合的磅礴之力，我们走中国特色社会主义道路，具有无比广阔的时代舞台，具有无比深厚的历史底蕴，具有无比强大的前进定力。①

——习近平

壹

天下为公

说文解字

　　"天下为公"中的"公"，从甲骨文演变到现代汉字，字形变化并不大。

| 商 甲骨文 | 西周 金文 | 春秋 侯马盟书 | 战国 楚简 | 秦 小篆 | 汉 隶书 |

"公"字形演变

　　东汉文字学家许慎在其所著的《说文解字》中说："公，平分也。从八，从厶。八，犹背也。韩非曰：'背厶为公。'"许慎的解释源自《韩非子·五蠹》："古者苍颉之作书也，自环者谓之私，背私谓之公，公私之相背也，乃苍颉固以知之矣。"按照这种传统的解释，"公"是个会意字。"公"下半的"厶"，古文字写成圆环形状，这部分是"私"的古字，也就是《韩非子》所谓的"自环者"。上半的"八"表示"反"的意思。与私相反即"公"。

　　严格地讲，"背私为公"这一解释其实是缺乏文字学证据的。现在不少古文字学者认为"公"很可能是"瓮"字的最早期象形写法，本来是象形字，后来才假借为"公私"的"公"。虽然古书中对"背私为公"的解说比较主观，有望文生义之嫌，但恰恰体现了先秦秦汉时期知识分子对"公"与"私"的理解。

天下为公，人间正道。一百多年来，中国共产党致力于为中国人民谋幸福、为中华民族谋复兴，致力于为人类谋进步、为世界谋大同。我们走中国特色社会主义道路，具有无比广阔的时代舞台，具有无比深厚的历史底蕴，具有无比强大的前进定力。

——

"天下为公"出自《礼记·礼运》，记载的是孔子和学生言偃参加完鲁国的蜡祭大典，出来之后，孔子就感叹自己没能生活在上古三代的理想社会中，表示自己其实是非常向往的。孔子说："三代之英，丘未之逮也。"这里的"三代之英"，是指上古时期氏族部落联盟的首领。在他们那个时代，首领位子的传承并不是父传子或者兄传弟，而是选择和任用有贤能的人，如此就传递出"天下是属于全天下人的天下"这样一种理念。

孔子向往那个年代的原因是什么呢？

"大道之行也，天下为公。"在那个大道施行的年代里，天下为世人所共有，而不是为一家一姓所私有。民众选举品德高尚的人和有才能的人治理国家，人与人之间讲究信用、和睦相处。民众不仅以自

> 昔仲尼与于蜡宾，事毕，出游于观之上，喟然而叹。仲尼之叹，盖叹鲁也。
>
> 言偃在侧曰："君子何叹？"
>
> 孔子曰："大道之行也，与三代之英，丘未之逮也，而有志焉。大道之行也，天下为公，选贤与能，讲信修睦。故人不独亲其亲，不独子其子，使老有所终，壮有所用，幼有所长，矜寡孤独废疾者，皆有所养。男有分，女有归。货恶其弃于地也，不必藏于己；力恶其不出于身也，不必为己。是故谋闭而不兴，盗窃乱贼而不作，故外户而不闭，是谓大同。"
>
> ——《礼记·礼运》

己的双亲为双亲，以自己的子女为子女，而且能够推己及人，让所有的老年人能够安享天年，壮年人能够贡献才力，年幼者能够受到良好教育，鳏寡孤独者能够得到供养。男子各尽职分，女子各有归宿。

在"天下为公"这种理念的引领下，原始氏族社会，迸发出比分散情况下更强大的力量。就像大禹治水，在当时生产力非常低下的情况下，如果没有人们之间的团结，是根本做不到的。中国的先民们，齐心协力与自然灾害作斗争，同时也共享生产劳动的成果，形成了强大的凝聚力。

孔子正是有感于春秋时期"礼崩乐坏"的社会现实，于是想象在尧舜时代，先民共同生活、一起劳动，所有的活动都是为公而不为私，天下为天下人所共有、共享、共治，各路贤达被推举出来治理社会事务，最终实现"大同"的美好景象。这就是"天下为公"这个词的内涵。

《礼记·礼运》在谈及社会政治理想时，勾勒出一个美好社会的蓝图。这个人人平等、共同劳动的理想社会就被称为"大同社会"。孔子其实指出了实现大同社会的三个必要条件："天下为公，选贤与能，讲信修睦。"可以说，"天下为公"是实现大同社会的前提，而大同社会最主要的特征，就是"天下为公"。

中国传统的"天下"观念，不仅是空间意义上人们关于当时视野所及的全部世界的描述与想象，也具有政治学、伦理学意义上的价值原则。"天下"是指包含所有人在内的整个人类社会。古时，人们对世界的认识有视野上的局限，但这并不妨碍他们涵养天下观念、天下格局、天下气度，创造开放包容、胸怀天下的中华文化。传统意义上的"天下为公"大致上有两层含义：一是"天下为公众所共有"，二是"以公心治理天下"。"天下为公"是中国古代思想家追求的最高政治目的。这一思想流传后世，为众多的思想家所阐释发扬。

《礼记·礼运》中借孔子之口说出的"天下为公"，是儒家思想

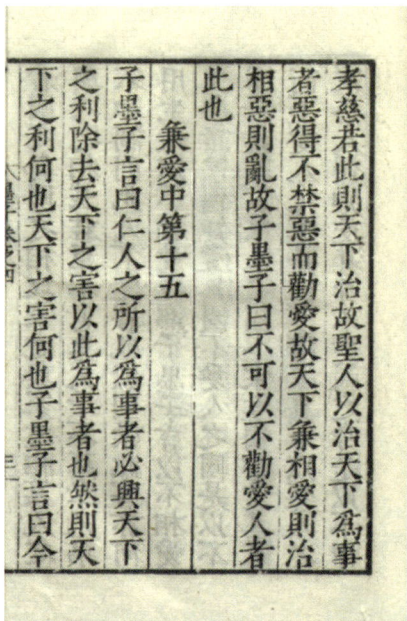

《墨子·兼爱中第十五》

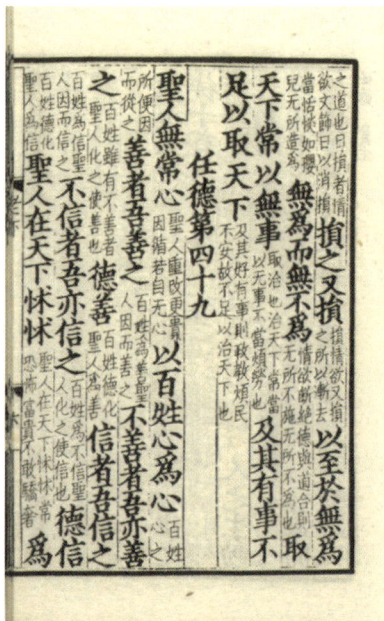

《老子·任德第四十九》

的基础。但先秦时代的其他思想流派也都表述过类似的观念。道家："圣人无常心，以百姓心为心。"墨家："仁人之所以为事者，必兴天下之利，除去天下之害。"杂家："昔先圣王之治天下也，必先公，公则天下平矣……天下非一人之天下也，天下之天下也。"可以说，"天下为公"是先秦时代普遍存在的一种社会理想，贯穿于整个古代中国，反映了中国古代的一种文化与政治共识，融入了中华文化的基因之中。

同处于公元前600年左右，古希腊的梭伦与之后的伯利克里是当时西方推崇民主政治的杰出代表。但这种形式的民主对享有民主的人群设了限制，如妇女无权享有民主，奴隶就更不必提，因此是有限的民主。有奴隶的社会不可能是一个真正的民主社会。孔子的理念则非常不同。他的理念不是参与，而是"天下为公"。历代王朝的领导者在追求"天下为公"方面都受到了道德的约束，不追求"天下为公"被儒家学者们视为可耻。

在中国封建社会，政治家、思想家们不断尝试在"家天下"的政治制度下尽可能地体现"天下为公"的道德倾向，劝勉君主志于仁、行仁义、施仁政，最大限度地为公而不是为私。在这个意义上也有"以公心治理天下"的实践，比如汉朝、唐朝实行的限田、占田、均田等制度。但是，在"家天下"的封建社会中，"天下为公"只能是一种愿景，不可能真正成为现实。

而到了近代，它也成为中国人思考国家、民族前途的非常重要的思想资源。一批又一批的有识之士为了寻找救国救民的道路，开始了不屈不挠的上下求索。

二

1840年鸦片战争之后，延续了2000多年的"家天下"的封建体制在西方列强的坚船利炮前摇摇欲坠。"天下为公"的古典内涵被唤醒激活。康有为在《大同书》中描绘了一个"天下为公、没有阶级、一切平等"的大同社会。而孙中山更提出了具有民权意识与平权思想的"世界大同"理想，并且多次题写"天下为公"的条幅，来表达自己的理想和追求。

俄国十月革命一声炮响，给中国送来了马克思列宁主义。中国的先进知识分子发现，"天下为公"的思想与共产主义理想高度契合。

马克思、恩格斯在《共产党宣言》中宣告："过去的一切运动都是少数人的，或者为少数人谋利益的运动。无产阶级的运动是绝大多数人的，为绝大多数人谋利益的独立的运动。"②马克思主义者认为，以劳动者为主体的人民群众是历史的创造者；他们才是人类社会的主人，并且应当拥有人类社会的一切权力。

"天下为公"的理念是近代以来中国先进知识分子接受马克思列宁主义的一种思想基础。中国共产党的创始人之一李大钊就认为，十月革命胜利之后，世界正趋向于"大同"。

走进北大红楼：寻访"觉醒年代"的红色记忆

北京大学红楼，是中国近代史上李大钊、陈独秀、毛泽东等人最早传播马克思主义和民主科学进步思想的重要场所。这栋红砖红瓦、砖木结构的百年建筑，见证了中国先进知识分子把马克思主义与中国传统的"天下为公""天下大同"的思想进行结合、寻找革命道路的征程，见证了中国共产党是怎么来的、伟大建党精神是如何孕育的，见证了中华民族的伟大觉醒。

1918年，时任北京大学图书馆主任的李大钊和时任图书馆助理员的毛泽东，都在北大红楼工作。

1918年12月，李大钊就在这里写下了《〈国体与青年〉跋》。据研究，该文章是李大钊将马克思主义理论和"天下大同"思想进行联系的重要著作之一。文中，李大钊写道："这Democracy不是仅在人类生活史中一个点，乃是一步一步的向世界大同进行的一个全路程。……资本阶级或中产阶级的Democracy若已获得，紧接着社会主义，就是Democracy中的一个进程。"③

中国共产党早期北京革命活动纪念馆（北大红楼）位于北京市东城区五四大街 29 号，原为北京大学校部、一院（文科）、图书馆所在地，建成于 1918 年

1917 年，毛泽东在给老师黎锦熙的信中写道："大同者，吾人之鹄也。"④以此表达他对"天下为公"和"大同"思想的认同。1918 至 1919 年间，毛泽东曾先后两次来到北京寻求革命真理，并逐渐转变为一名坚定的马克思主义者。后来，他在回忆 1918 年于北大红楼工作的经历时说："在北平遇到了一个大好人，就是李大钊同志。在他帮助下我才成了一个马列主义者。他是我真正的老师。"⑤

从中我们可以看到，早在马克思主义刚刚传入中国的时候，以李大钊、毛泽东为代表的中国先进知识分子，已经在思考怎么把马克思列宁主义与中华优秀传统文化相结合，找到两者之间的契合性尤其是内在的关联。他们发现，马克思主义的共产主义理想，其实非常契合中国人自古以来追求的"天下为公"。

马克思与孔子的跨时空对谈

1925 年，国民党新右派人士戴季陶连续发表多篇文章，反对以"外来的"马克思列宁主义为指导的共产党。为此，郭沫若发表了一篇"穿越文"，题为《马克思进文庙》。他用幽默诙谐的笔调，生动地描写了马克思与孔夫子之间的一段对话（较原文有改写——编者注）：

孔子："有朋自远方来，不亦乐乎！马克思先生，你来得真难得！你到敝庙里来，有什么见教呢？"

马克思："我是特为领教而来。近来有些人说，在你的思想所笼罩的中国，我的主义没有实现的可能性。所以我想来直接请教你：究竟你的思想是怎样的？和我的主义有怎样的不同？"

孔子："你的思想，最近在中国可是特别受欢迎啊，我也是有所耳闻，你一定有一个理想的世界，那是怎样的呢？"

马克思："我的理想的世界，是我们生存在这里，万人要能和一人一样自由平等地发展他们的才能，人人都各能尽力做事而不望报酬，人人都各能得生活的保障而无饥寒的忧虑，这就是我所谓'各尽所能，各取所需'的共产社会。"

孔子："'大道之行也，天下为公。'你这个理想社会的构想和我的大同世界竟是不谋而合呀！"

马克思："没想到在两千多年前，遥远的东方，已经有了你这样的一个'老同志'！你我的许多见解是一致的。"

红船，见证了中国历史上开天辟地的大事变，成为中国革命源头的象征

这段马克思和孔子会面的对话非常有趣。马克思主义诞生于工业革命时期，马克思非常关注工业经济和工人阶级。当时的中国还不是工业国家，马克思也没有特别关注与中国社会状况类似的国家，但他对人民的重视和对共同利益的承诺与儒家的理想非常吻合。因此，中国知识分子认为马克思主义可在中国得到应用。

中国人相信，在"天下为公"的大同社会，个体的"小我"和社会的"大我"是可以统一的，所以有"修身齐家治国平天下"的人生进阶。鸦片战争以后，我国的一些仁人志士开始睁眼看世界。"天下为公"具有了超越旧的封建历史传统的新的内涵，"家天下"向"公天下"转变的契机出现。

马克思主义来到中国，一开始是被作为"大同"来认知的。也正因如此，马克思主义才得以迅速地在中国传播、生根、发芽。而找到一条符合中国国情的正确道路这一历史使命，就落在了以毛泽东同志为主要代表的中国共产党人身上。中国共产党自诞生之日起，就把全心全意为人民服务作为根本宗旨，在中国革命和建设的伟大实践中一步步地实现着"天下为公"的理想。

新中国确立了一套全新的社会制度，我国的国体是人民民主专政，我国的政体是人民代表大会制度。社会主义的本质就是人民当家作主，国家的一切权力属于人民。这是我们国家制度的核心内容和根本准则。中国共产党将传统文化中"天下为公"的理念，与全心全意为人民服务的根本宗旨、共产主义的远大理想和大党大国的国际责任融合在一起，以自强不息的奋斗，深刻改变了世界发展的趋势和格局。

党的十一届三中全会之后，中国共产党人团结带领中国人民进行改革开放新的伟大革命，开辟了中国特色社会主义道路。中国共产党人用实际行动诠释了"权为民所赋""权为民所用"，使"天下为公"的理念得到了进一步发展。

三

党的十八大以来，以习近平同志为核心的党中央极其重视马克思主义基本原理同中华优秀传统文化相结合，反复强调“一个民族最深沉的精神追求，一定要在其薪火相传的民族精神中来进行基因测序”[6]，而“天下为公”的思想，也是在这个时候得到了进一步升华。

习近平总书记在多个重要场合反复强调“天下为公”的理念，这一理念在全过程人民民主、以人民为中心的发展思想，以及脱贫攻坚等治国理政举措中都有所体现。“天下为公”为我们今天的社会制度提供了深邃厚重的理论滋养。它也提示着我们，作为执政党，要时刻秉持公心，将人民放在心上。人民就是江山，江山就是人民。在当今世界格局中，“天下为公”对推动构建人类命运共同体也有着积极的时代意义。

党的十九大把“天下为公”写进了大会报告。党的二十大再一次把“天下为公”写入报告。这不仅仅是把马克思主义思想精髓同中华优秀传统文化精华贯通起来的又一生动例证，而且彰显出以习近平同志为核心的党中央的历史自信、文化自信和大国担当。

“天下为公”的情怀其实早已深深地融入一代代中国共产党人的血脉之中。进入新时代，在脱贫攻坚的征途之上，一批又一批共产党员，面对艰苦的环境，逢山开路、遇水架桥，以他们的血肉之躯践行着为人民谋幸福的职责与担当。

峭壁“天路”打通乡村脱贫路

8公里长的公路，在中国城乡平平无奇、随处可见。但在重庆市巫山县下庄村，“当代愚公”下庄村党支部书记毛相林带领

2004 年 4 月，一条 8 公里长的"天路"终于被打通，从下庄到巫山县城的车程从此只要一个半小时左右

　　父老乡亲，历时 7 年，才在悬崖峭壁上凿出一条长达 8 公里的"天路"，打通了村民的救命路，也打通了这个小山村的脱贫致富路。

　　2004 年以前，下庄村是个与世隔绝、鲜为人知的山村。村民想要出村，只能通过挂在绝壁上的羊肠小道一步步慢慢"挪"出去，要花费 3 天时间。正因进出极度不便，村民生病通常先忍；有些急病忍不了，人还没来得及送到半山腰，就去世了，只能再抬回来。自然环境恶劣，村民生活窘迫，毛相林决定不能再这样忍下去，必须绝壁上开路。但这又谈何容易？地形有多险峻，修建时就有多惊心动魄："天路"越修越险、越修越难，甚至有村民付出了生命的代价。

1999 年，因为修路，黄益坤的儿子、时年 36 岁的黄会元跌落悬崖，不幸身亡。黄益坤是个严肃的人，送黄会元遗体回家时，毛相林做好了挨骂挨打的准备。然而，黄益坤的反应在所有人的意料之外。他说："我还是期望广大群众，哪怕我儿子黄会元（为修路）死掉了，（我们还是要）努力一把，再增一把火。我们公路修通了，就摆脱贫困了。"灵堂前，村民们集体表决，决定继续修下去。他们坚持认为，再大的困难也要克服，如果不修路，下庄村就会永远贫穷。

历时 7 年，先后 6 人献出了宝贵的生命，8 公里峭壁"天路"终于被打通。接下来要怎么办？毛相林想了很多门路，和村民们一起种过烤烟、养过蚕，也经历过不少次失败。最终经过摸索，他们将柑橘产业做了起来。靠种植柑橘，到 2015 年底，下庄村成为重庆市巫山县第一个实现整村脱贫的村子。2022 年，下庄村的柑橘年产量达 35 万斤，人均年收入超过 2 万元。

"作为一名基层党员干部，心中有党，心中有人民。向党宣誓的时候，都是能够牺牲自己的一切，这是我的决心。"毛相林说。

《中国智慧中国行》演播室内讲述毛相林的故事

毛相林 40 多年来坚持苦干实干，带领村民不等不靠、艰苦奋斗、拔除穷根，让乡亲们改变了贫困落后面貌，过上了富裕文明生活。他实际上是很多奋战在脱贫攻坚一线的基层党员干部的缩影，他的事迹是中国共产党人践行"天下为公"理念的生动写照。

中国共产党人从来不是只把"天下为公"当作一个概念在讨论，而是坚持付诸行动。以习近平同志为核心的党中央总是强调全心全意为人民服务；强调人民至上，一切为了人民。全国累计选派 25.5 万个驻村工作队、300 万名第一书记和驻村干部，同近 200 万名乡镇干部和数百万村干部一道奋战在扶贫一线，这是促使脱贫攻坚战取得全面胜利的关键因素之一。

在波澜壮阔的脱贫攻坚伟大实践中，涌现出一大批政治坚定、表现突出、贡献重大、精神感人的杰出典型。他们中有把生命奉献给脱贫攻坚事业的黄文秀、在绝壁悬崖上开凿出"生命渠"的黄大发、被誉为"太行山上新愚公"的李保国等。在脱贫攻坚的过程当中，1800多名同志将自己的生命定格在了脱贫攻坚的征程上，生动诠释了共产党人的初心使命。

世界银行评价，中国减贫是"人类历史上最伟大的事件之一"。这是一个奇迹，是中国共产党"以人民为中心"的生动体现。正是因为千千万万党员干部始终牢记"国之大者"，一心为公、胸怀天下，把党的好政策落到了实处，中国的老百姓才有了更多的幸福感、获得感。

我们中华民族历来讲求"天下一家"，憧憬"大道之行也，天下为公"的美好世界。源远流长的中华优秀传统文化，博大精深的马克思主义思想理论，共同涵养了中国共产党人的世界眼光、天下情怀。早在 20 世纪 50 年代，毛泽东就曾经指出："中国应当对于人类有较大的贡献。"[7]习近平主席指出，我们所做的一切都是为人民谋幸福，为民族谋复兴，为世界谋大同。⑧中国共产党人始终秉持这样的理念："只要是对全人类有益的事情，中国就应该义不容辞地做，并且做好。"⑨

中国特色社会主义进入新时代，习近平总书记提出构建人类命运共同体这一关乎人类前途命运的重要理念。在世界经济论坛 2017 年年会开幕式上，习近平主席指出："'大道之行也，天下为公。'发展的目的是造福人民。要让发展更加平衡，让发展机会更加均等、发展成果人人共享，就要完善发展理念和模式，提升发展公平性、有效性、协同性。"⑩这里的"天下"，指的是全世界；这里的"公"，指的是人类命运共同体；这里的"大道"，指的是和平、发展、公平、正义、民主、自由的全人类共同价值。党的二十大报告将推动构建人类命运共同体作为中国式现代化本质要求之一，并提出"构建人类命运共同体是世界各国人民前途所在"，赋予"天下为公"这一中华文化蕴含的"天下观"崭新内涵，为时代发展提供正确指引，为人类文明作出中国贡献。

当前，世界进入了新的动荡变革期。在这种情况下，"天下为公"的理念依然能为这个世界提供新的启示和路径。面对全球挑战，中国必须给出解决问题的中国方案。2023 年是习近平主席提出构建人类命运共同体理念 10 周年，国务院新闻办公室于 9 月 26 日发布了《携手构建人类命运共同体：中国的倡议与行动》白皮书。"人类命运共同体"也已多次被写入联合国决议。"天下为公"的重要之处在于它能很好地反映中国人的双赢态度。中国人很清楚地知道，既然我们的发展取得了成功，那么如果我们能帮助世界上的其他人取得成功，他人的成功也必将造福我们自己。

印着中国杂交水稻的别国纸币

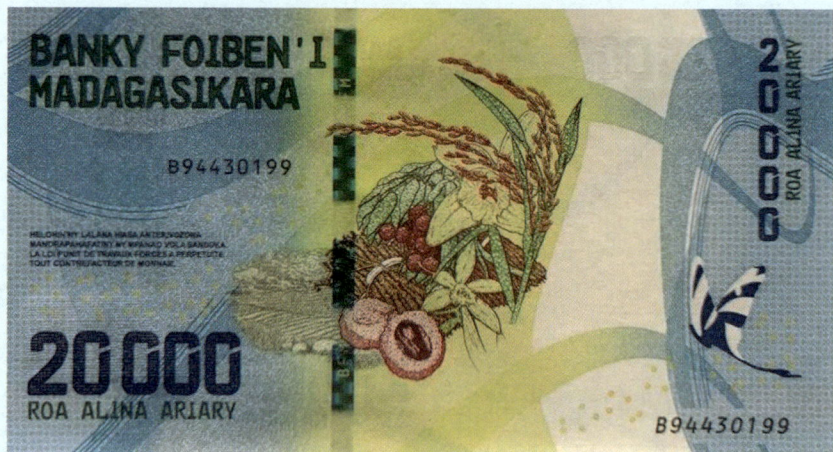

　　这张面值 20000 的纸币，是马达加斯加的货币阿里亚里。在它的背面，印着中国的杂交水稻。

　　马达加斯加水稻种植面积约 150 万公顷，占全国农作物种植面积的一半以上，该国曾经是非洲重要的稻米出口国。但由于缺乏优良水稻新品种和新技术、农业基础设施陈旧，水稻产量走低，再加上人口增长率高，曾经的"印度洋粮仓"现在每年不得不进口 20 万到 40 万吨大米来解决国民的吃饭问题。中国援马达加斯加杂交水稻示范中心项目于 2007 年启动。袁隆平院士带领的团队，让杂交水稻在马达加斯加扎了根。目前，杂交水稻在马达加斯加已累计推广种植 5 万公顷，平均产量 7.5 吨 / 公顷，最高单产达 12 吨 / 公顷。马达加斯加已实现了杂交水稻育种、制种、种植、加工、销售全产业链发展，是杂交水稻种植面积最大、产量最高的非洲国家。

将中国的杂交水稻印在纸币上，足以看出马达加斯加政府对解决粮食问题的重视与对中国援助的认可和感激。从小小的水稻，就可以看出，中国不仅仅关注和解决自己的吃饭问题，同时也关注和帮助其他国家解决吃饭问题，这就是"天下为公"。

这张纸币是个极其重要的象征。它表明世界上有许多国家是中国的朋友，他们赞赏中国所做的工作和给予他们的帮助。我们的目标是构建人类命运共同体。如果我们有真正的好朋友，这项事业就会成功。

再举一个例子，咖啡是埃塞俄比亚的支柱产业。气候的变化会对咖啡的产量产生重大影响。2019 年，中国无偿援助了埃塞俄比亚一颗人造卫星，这是埃塞俄比亚历史上第一颗人造卫星。从此，埃塞俄比亚人民可以获得大量的遥感数据以应对气候变化，更好地发展咖啡种植业。

世界上有许多国家是中国的朋友

当下，一些国家把保护主义的篱笆越架越高，中国却将大门越开越大。习近平主席有一句话可以非常好地解释这个现象："人类社会要持续进步，各国就应该坚持要开放不要封闭，要合作不要对抗，要共赢不要独占。"⑪大时代需要大格局。习近平主席旗帜鲜明地指出："人类是一个整体，地球是一个家园。任何人、任何国家都无法独善其身，人类应该和衷共济、和合共生，朝着构建人类命运共同体方向不断迈进，共同创造更加美好未来。"⑫

中国在发展自身的同时，立己达人、兼善天下，其实是在积极地履行国际责任，为许多发展中国家提供力所能及的帮助，而且是要携手各国走共同发展的道路。几千年来，中国人孜孜以求的这种"天下为公"的"大同"世界，正一步步成为现实。

这就是我们一直期望的"天下为公"——所有人一起向往的理想世界。正如习近平主席 2014 年在和平共处五项原则发表 60 周年纪念大会上的讲话中指出的："'大道之行也，天下为公。'公平正义是世界各国人民在国际关系领域追求的崇高目标。"⑬一百多年来，中国共产党致力于为中国人民谋幸福、为中华民族谋复兴、为世界谋大同。天下为公，人间正道，这是中国共产党长期执政的历史自信，也是中国共产党团结带领人民继续前进的历史自信。

注释：

① 习近平：《决胜全面建成小康社会 夺取新时代中国特色社会主义伟大胜利——在中国共产党第十九次全国代表大会上的报告》，《人民日报》2017 年 10 月 28 日。

②［德］马克思、恩格斯：《共产党宣言》，《马克思恩格斯选集》第 1 卷，人民出版社 2012 年版，第 411 页。

③ 李大钊：《〈国体与青年〉跋》，《李大钊文集》上，人民出版社 1984 年版，第 604 页。

④ 毛泽东：《致黎锦熙信（1917 年 8 月 23 日）》，《毛泽东早期文稿》，湖南人民出版社 2013 年版，第 67 页。

⑤ 李银桥、韩桂馨：《在毛泽东身边十五年》，河北人民出版社 2006 年版，第 185 页。

⑥ 习近平：《在德国科尔伯基金会的演讲》，《人民日报》2014 年 3 月 30 日。

⑦ 毛泽东：《纪念孙中山先生》，《毛泽东文集》第 7 卷，人民出版社 1999 年版，第 157 页。

⑧《习近平会见联合国秘书长古特雷斯》，《人民日报》2018 年 4 月 9 日。

⑨ 习近平：《让多边主义的火炬照亮人类前行之路——在世界经济论坛"达沃斯议程"对话会上的特别致辞》，《人民日报》2021 年 1 月 26 日。

⑩ 习近平：《共担时代责任，共促全球发展》，《求是》2020 年第 24 期。

⑪ 习近平：《共建创新包容的开放型世界经济——在首届中国国际进口博览会开幕式上的主旨演讲》，《人民日报》2018 年 11 月 6 日。

⑫ 习近平：《在中华人民共和国恢复联合国合法席位 50 周年纪念会议上的讲话》，《人民日报》2021 年 10 月 26 日。

⑬ 习近平：《弘扬和平共处五项原则 建设合作共赢美好世界——在和平共处五项原则发表 60 周年纪念大会上的讲话》，《人民日报》2014 年 6 月 29 日。

扫码可收看本期节目

大道之行也，天下为公，选贤与能，讲信修睦。

——《礼记》

天下非一人之天下也，天下之天下也。

——《吕氏春秋》

以天下论者，必循天下之公。

——王夫之《读通鉴论》

人人相亲，人人平等，天下为公，是谓大同。

——康有为《大同书》

民為邦本

江山就是人民，人民就是江山。中国共产党领导人民打江山、守江山，守的是人民的心。治国有常，利民为本。为民造福是立党为公、执政为民的本质要求。必须坚持在发展中保障和改善民生，鼓励共同奋斗创造美好生活，不断实现人民对美好生活的向往。①

——习近平

贰

民为邦本

说文解字

　　"民为邦本"这个词，"民"指的是人民，"邦"指的是国家。一个国家的基础是人民。

| 商 | 西周 | 春秋 | 战国 | 秦 | 汉 |
| 甲骨文 | 金文 | 金文 | 秦简 | 小篆 | 隶书 |

"民"字形演变

　　"民"的甲骨文，上面是一只大大的眼睛，下面是一件锐利的器具刺到了眼睛里面，今天我们写的"民"字下方横笔与斜钩的组合就是这一件利器简化而来。从它的古文字字形可以看出，"民"最早很可能是为表示"盲"的意思而造的，后由于读音相近，假借来表示"民"。今天"盲"和"民"的读音已经不一样了，但是它们古代的发音是接近的。古书里还有一个读音与"盲"更接近的"氓"（音 méng）字，也是"民"的意思。《诗经·卫风·氓》："氓之蚩蚩，抱布贸丝。"《毛传》："氓，民也。"

全心全意为人民服务是中国共产党的根本宗旨。党的十八大以来，习近平总书记把人民对美好生活的向往作为奋斗目标，坚持一切为了人民、一切依靠人民，明确提出坚持以人民为中心的发展思想，推动我国迈上全面建设社会主义现代化国家新征程。

——

"民为邦本"这个词出自《尚书·五子之歌》中太康失国的故事，其中最核心、流传最广的几句是"皇祖有训，民可近，不可下。民惟邦本，本固邦宁"。意思是，我们的祖父大禹曾经训示我们：对人民应该亲近，不可以轻贱失礼。要知道，人民是国家的根基，人民安定了，根基牢固了，国家才能安定。

从"民惟邦本"到"民为邦本"，民众始终是国家的根本。中国是世界上最早出现民本思想的国家。把老百姓看作国家的根本，这是中国古代先贤和明君的政治智慧。可以说，民本思想是中国古代政治思想的精华。

中国文化特别擅长内省与反思。"民为邦本"思想的提出就是古人的一种反思，也是基于对民本思想重要性的深刻认识。在这个基础上，稍晚的周公提出了"保民"的重要思想。进入春秋战国时期，从

太康尸位，以逸豫灭厥德，黎民咸贰，乃盘游无度，畋于有洛之表，十旬弗反。有穷后羿因民弗忍，距于河，厥弟五人御其母以从，徯于洛之汭。五子咸怨，述大禹之戒以作歌。

其一曰："皇祖有训，民可近，不可下。民惟邦本，本固邦宁。予视天下愚夫愚妇一能胜予，一人三失，怨岂在明，不见是图。予临兆民，懔乎若朽索之驭六马，为人上者，奈何不敬？"

——《尚书·五子之歌》

孔子以"德治"为核心的民本思想到孟子的"民贵君轻"再到荀子的"君舟民水",先秦儒家思想家进一步丰富和发展了"民为邦本"的思想,使之逐渐走向成熟,成为中国古代治国理政的核心理念之一。

"民为邦本"的思想主要体现在治国理政上。重视民众是其基本。民心在国家与社会秩序治理中具有重要的作用,这关系到国家的治乱安危。如果你不重视民众,你就无法得到民心。《孟子》说得好:"得民心者得天下,失民心者失天下。"《管子》也记载:"政之所兴,在顺民心。政之所废,在逆民心。"也就是说,民心的向背决定了治国的成败。

回顾历史,"民为邦本"的思想哺育了一代又一代思想家、政治家和教育家。他们心系民生,解决民生问题,让百姓生活安定,让国家安定。很多古代的明君贤臣,他们都在践行着"民为邦本",在造福百姓的同时,也因此被历史铭记。如汉文帝刘恒执行"与民休息"的政策,减免田租、赋役和刑狱,固本安民,开创了后来的"文景之治"。唐太宗李世民将"为君之道,必须先存百姓"的民本思想付诸实践,成就了"贞观之治"。李冰因都江堰水利工程而名垂千古。这些都是古代国家治理中践行"民为邦本"思想的显著成效。

李冰修建都江堰造福人民

都江堰,这座2000多年前修建的超级水利工程,至今仍在发挥着巨大作用。

战国时期,成都平原水患频繁、旱涝无常,民不聊生。秦昭襄王对李冰说:"现在蜀地人才紧缺,朝廷准备派你去担任郡守,你有什么好的办法?"李冰答:"我也没有什么灵丹妙药,但我相信,只要我们心里想着老百姓,为他们做事,他们一定会支持

我们。"

李冰到蜀郡后治理岷江，兴利除害。先花费 3 年左右的时间，跋山涉水，考察岷江；又率民众花费 14 年左右的时间修鱼嘴、开飞沙堰、造宝瓶口，修建了举世无双的超级水利工程——都江堰。都江堰建成后，原本旱涝无常的成都平原，变为水旱从人、不知饥馑、时无荒年的"天府之国"，至今仍造福着在这方土地上生活的人民。

大禹开其端，鳖灵继其业，李冰集大成。李冰造福黎民、恩泽世代，受到后人的崇敬、怀念。

都江堰是一个庞大的基础设施工程，构造复杂、规模宏大。让很多外国友人惊叹不已的是，当中国人能造出这样复杂的工程时，世界上的很多人还生活在蒙昧状态中。但人们世世代代纪念李冰，最根本的原因是他心系民生，一心一意地为老百姓造福。

除了李冰，历史上，苏轼也直接或间接地修缮巩固了很多地方的

千百年后，都江堰水利工程仍是造福百姓的超级民生工程

水利工程，如在陕西修建利民湖，在徐州筑堤抗洪，在杭州疏浚西湖，甚至广州最早的自来水都和他有关。

苏轼在人生失意的时候，仍心系百姓、为民办事。一生中，写了大量的文章和奏疏来表达民本思想、阐发民本主张。他说："民者，天下之本。"苏轼提出了六项安民的具体措施，第一项就是"敦教化"。苏轼在海南普及教育，教化民众。这正是"民为邦本"思想非常重要的一个方面。

苏轼在儋州燃起中原文明火炬

夏日午后的一阵疾风劲雨后，一位清瘦的老者，头戴斗笠，脚蹬木屐，手挽长衫，蹒跚走来。这幅《东坡笠屐图》描绘的正是贬谪在海南儋州，担任琼州别驾的苏轼。画外，我们仿佛还能听到儋州的小儿吟唱着"先生教我读书诗，我教先生穿木屐"的儋州调声。

《东坡笠屐图》

北宋绍圣四年（1097），年已六旬的苏轼被贬谪到海南儋州。那时的儋州，远离中原，孤悬海外。但苏轼毫不畏惧艰难的处境，以乐观豁达的人生态度与海南百姓交往，关注民生疾苦。

载酒堂，是苏轼在儋州以文会友、启迪教化的地方。学子们纷至沓来，求学问道。苏轼谪居儋州三年，讲学明道，在半开化的荒岛燃起了中原文明的火炬。不久，海南就出现了第一个举人姜唐佐、第一个进士符确。之后，海南中举人、中进士者不胜枚举。

时至今日，海南人民一直对苏轼怀着深深的敬意。在海南流传至今的东坡村、东坡井、东坡田、东坡路、东坡桥、东坡帽、东坡墨、东坡话等，无不表达了人们对他的眷恋和感激。

"民为邦本"，关键是民心。民心怎么获得呢？就是要解决老百姓最根本的利益问题，也就是生活问题。纵观古今，民富则国安，民贫则国乱。所以说，对于一个国家来说，民生问题不仅仅是经济问题，更是政治问题、社会问题。正如《管子》里所讲的："仓廪实而知礼节，衣食足而知荣辱。"富民是稳定社会最重要的基石。

"民为邦本"，"富民"是立国的基础，但更重要的是要让民众发挥积极的历史创造作用。因此，"教化"才是立国的根本。总而言之，中国的民本思想内涵是很丰富的，包括经济上要使之丰裕，社会秩序上要加以重视，文化上要加以教化，提升民众的素质。"民为邦本"的治国思想在抑制君主专制、稳定社会秩序、保障民众安居乐业等方面发挥了重要作用，成为中国传统政治文化中的一个重要思想，对中国的社会生活、历史发展产生了深远的影响。

二

"民为邦本"是中华优秀传统文化的重要内容。到了近代，马克思主义传入中国之后，中国传统的民本思想又一次得到了升华。

马克思主义是人民的理论，它充分肯定人民群众的伟大历史作用，强调人民群众是历史的创造者，追求人的解放和全面发展。马克思主义群众史观与中国传统的民本思想有很多契合之处。毛泽东指出："人民，只有人民，才是创造世界历史的动力。"②中国共产党除了工人阶级和最广大人民群众的利益之外，没有自己的特殊利益。这就是中国共产党人对"民为邦本"思想的时代性、创新性发展。

中国共产党高度重视人民群众的历史作用，高度重视民众在国家中的地位，继承儒家强调的重民、富民、教化民众的思想，树立人民利益高于一切的政治理念，牢固确立"为人民服务"的根本宗旨，实现从传统"重民"思想向"为人民服务"思想的重大转变。"为人民服务"这五个字是写进党章的。

中国共产党自成立之日起，始终把全心全意为人民服务作为党的根本宗旨。1944年，在张思德烈士的追悼会上，毛泽东以"为人民服务"为主题发表讲话，他说："我们这个队伍完全是为着解放人民的，是彻底地为人民的利益工作的。"③"为人民服务"这五个字，成为我们党赢得最广大人民群众支持的内在密码。

谁把人民放在心上，人民就会把谁放在自己的心里。

小竹竿的故事

有一根刻满了地名的小竹竿，是国家一级文物，陈列在中国人民革命军事博物馆里。

小竹竿的主人叫唐和恩。1948年，中国共产党在山东的解放区进行了土地改革，唐和恩拥有了自己的土地，过上了温饱的日子。后来，淮海战役正式打响了，唐和恩立即报名参加支前的小车队。他说："解放军打到哪里，我们就支援到哪里。"于是，这根小竹竿陪伴着他，横跨了3000多公里，辗转了27个大城市、

75 个城镇，而这根记载着 88 个地名的小竹竿，也就成为数百万民工支持人民军队的见证。

这也印证了陈毅同志曾经说过的那句话："淮海战役的胜利是人民群众用小车推出来的。"④

在解放战争时期，仅辽沈、淮海、平津三大战役，就动员支前民工累计 880 余万人次，人民群众贡献了支前大小车辆 141 万辆、担架 36 万余副、粮食 4.25 亿公斤。渡江战役发起之前，老百姓为解放军筹集各种船只 2 万余条。正是因为得到了人民群众的支持，中国共产党才最终赢得了革命的胜利。

人们常说，解放战争取得胜利的原因有二：一是解放军有更好的领导，二是共产党领导下的人民为正义事业而战。

中国共产党领导的革命战争，目的就是实现人民翻身得解放。革命战争年代，从打土豪、分田地，到开展抗日战争、与侵略者进行殊死搏斗，再到推翻国民党反动统治、建立新中国，在一次次艰苦卓绝的伟大斗争中，中国共产党人之所以不畏牺牲，抛头颅、洒热血，就是为了人民翻身做主人。正是因为党全心全意为人民，群众才一心一意拥护党。

为了人民、依靠人民，这是我们党从小到大、由弱到强的根本原因——正是因为拥有来自人民的生生不息的力量源泉，中国共产党才推翻了压在人民头上的"三座大山"，取得了中国革命的胜利，建立了新中国。

新中国成立前夕，毛泽东创造性地提出了"人民民主专政"的重要理论，强调人民是历史的创造者，是国家的主人。新中国成立以后，中国共产党带领广大人民群众真正当家作主，成为国家的主人，人民生活也发生了翻天覆地的变化。

"治国有常，而利民为本。"人民才是国家的根本，只有根本稳固，国家才能长治久安，这也是对"民为邦本"的深刻诠释。

进入改革开放和社会主义现代化建设新时期，我们党围绕着"如何使人民摆脱贫困、尽快富裕起来"这一历史任务进行了不懈探索。

"告别田赋鼎"

北京，全国农业展览馆，陈列着一件由普通农民铸造的青铜大鼎——"告别田赋鼎"。

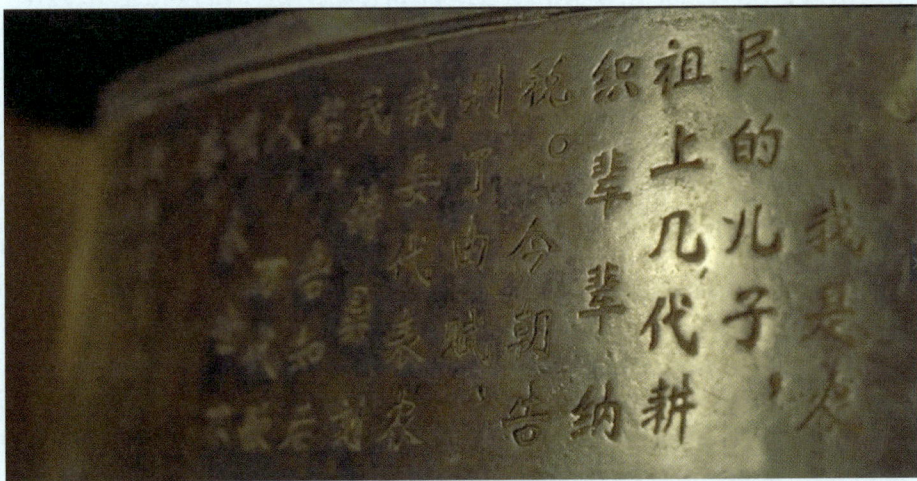

自 2006 年 1 月 1 日起，《中华人民共和国农业税条例》被正式废止，延续 2600 多年的"皇粮国税"退出了历史的舞台。河北省灵寿县的农民王三妮自筹资金，用铸鼎刻铭的方式，记录下了这个亘古未有的大事件。

铭文中写道："我是农民的儿子，祖上几代耕织辈辈纳税。今朝告别了田赋，我要铸鼎刻铭，告知后人，万代歌颂永世不忘。"

取消农业税是中国政府在 21 世纪实施的一项历史性举措，也是普惠民生的一个重要标志。历经数千年风雨沧桑，卸下重负的中国农民喜笑颜开。

在农民兄弟、农民姐妹一张张的笑脸背后，在"告别田赋鼎"背后，有着非常重要的意义。

改革开放以来，我们清晰地看到了党让人民富起来的历程：家庭联产承包责任制让农村发生历史巨变；2004 年国家实施种粮补贴的政策；2006 年全面废除农业税，实实在在地减轻了农民的负担，又一次解放了农村的生产力。

农民是中国革命的关键，也是中国共产党实现目标的关键，因此，取消农业税的意义不仅仅是增加农民的收入，它的意义要比这大得多。

人民是改革的参与者，也是发展成果的享有者。改革开放和社会主义现代化建设新时期，党和政府在保持国民经济持续稳定较快发展的同时，从人民最关心、最直接、最现实的利益问题入手，加快推进以改善民生为重点的社会建设，真正做到了发展为了人民、发展依靠人民、发展成果由人民共享。

卸下重负的中国农民喜笑颜开

三

党的十八大以来，党和国家事业取得了历史性成就、发生历史性变革。

从田间到直播间：贺兰山下的"巧媳妇"

"欢迎大家来'闽宁巧媳妇儿'的直播间。今天直播间好物有火锅底料、八宝茶、山羊奶、宁夏枸杞，宝宝们必须冲啊，屯起来……"在直播间和粉丝们热烈互动的，是宁夏贺兰山下的闽宁镇的女性种植户们。

闽宁镇是个移民示范镇。1990年迎来首批移民；1997年福建、宁夏两省实施闽宁对口扶贫协作，这里被命名为闽宁村；2003年闽宁镇成立。如今，更多的巧媳妇们从大山里、从田间地头走进

俯瞰宁夏闵宁镇

宁夏闵宁镇水果种植

直播间，登上闽宁协作的快车。

　　马雅玲是闽宁镇园艺村大棚种植户、致富带头人。据马雅玲介绍，在厦门援闽宁镇专家的指导下，当地种植户开始尝试种植黑花生、长果桑、水果西红柿等经济价值更高的作物。当初天上无飞鸟、地上不长草的干沙滩，在援宁专家的指导帮扶之下，成了硕果累累、瓜果飘香的"金沙滩"。

　　《上去高山望平川》这首西北民歌，唱出了贺兰山下妇女们摆脱贫困之后如花儿般的生活。闽宁镇的巨变实际上是我们伟大的脱贫攻坚战的一个缩影。

> **歌曲《上去高山望平川》**
>
> 　上去高山望平川，望平川，平川里有一朵牡丹。
>
> 　如今这里变了样，变了样，朵朵花儿全盛开。

　　在短短 8 年间，中国通过精准扶贫让近 1 亿农村贫困人口摆脱绝对贫困，而地球上只有十几个国家的总人口超过 1 亿。扶贫成功，既得益于中国的制度，也得益于中国共产党发挥的作用，更得益于中国对待人民的方式。

　　可以说，没有人民至上的理念；没有以人民为中心的发展思想；没有东西部结对帮扶的战略部署；没有一批批扶贫干部的倾力奉献、

宁夏闽宁镇大观

苦干实干，同贫困群众想在一起、干在一起……就没有今天的闽宁镇，也没有今天所有农村翻天覆地的变化。

人们往往认为扶贫就是基础设施建设和经济发展，就是提供更好的住房等物质福利。其实扶贫还有一个格外重要的方面，那就是推动精神上的转变。脱贫攻坚的伟大胜利表明，只要我们始终坚持为了人民、依靠人民，尊重人民群众主体地位和首创精神，把人民群众中蕴藏着的智慧和力量充分激发出来，就一定能够不断创造出更多令人刮目相看的人间奇迹。

习近平总书记在 2015 年中央扶贫开发工作会议上，曾经引用过这样一句古语："民为邦本，未有本摇而枝叶不动者。"他深刻指出："中国共产党在中国执政就是要为民造福，而只有做到为民造福，我们党的执政基础才能坚如磐石。"⑤脱贫攻坚战的胜利，是中国共产党执政为民、使发展成果更多更公平地惠及全体人民的生动实践，是我们党坚持全心全意为人民服务根本宗旨的重要体现。

党的十八大以来，我们深入贯彻以人民为中心的发展思想，在幼有所育、学有所教、劳有所得、病有所医、老有所养、住有所居、弱有所扶上持续用力，人民生活全方位改善。人均预期寿命增长到 78.2 岁。居民人均可支配收入从 16500 元增加到 36883 元。城镇新增就业年均 1300 万人以上。我国建成世界上规模最大的教育体系、社会保障体系、医疗卫生体系，教育普及水平实现历史性跨越，基本养老保险覆盖 10.5 亿人，基本医疗保险参保率稳定在 95% 以上。党的十八大以来的非凡民生成就，实际上是与我们每个人都息息相关的，所有的改变就发生在我们身边。

青年声音

记得十几年前我们那里经常会有雾霾天气，风沙也特别大，出个门都要全副武装。但是去年我再回我们那里的时候，感觉就不一样了，天空会出现棉花糖一样的白云，随手一拍就是大片。

——青年观众　刘晴晴

我记得我小的时候，我的父母经常会说，他们那一辈可能更多的是会去操心平时要吃什么、穿什么，但是我们这一代人可能空余时间更会操心去哪里玩，去看什么演出、什么电影。现在我们身边有很多图书吧、图书馆，还有文化馆，我觉得这些让我们精神的需求得到了一个极大的满足。

——青年观众　王骏尧

我发现现在的中国人越来越自信了，在国外能看到很多中国人穿汉服，他们走遍全球、游遍全球。另外，我在中国的这段时间，发现在中国生活很方便，中国的美食也很丰富，中国高铁的速度也让人印象深刻，移动支付也很方便，晚上在街上走路的时候也有满满的安全感。

——罗宾（德国）　南京大学

很多人感受到，这几年中国最大的变化之一就是社会保障体系的改进。想做到这一点，一方面，经济要发展；另一方面，还必须关注人民的需求，把资源用在人民身上。作为一个发展中国家，建立了令世人刮目相看的社会保障体系，这是由中国共产党的执政理念所决定的。

2012年11月15日，面对中外记者，新当选的中共中央总书记习近平，以一句真诚、质朴的话语为新时代答卷起笔："人民对美好生活的向往，就是我们的奋斗目标。"⑥十年后，二十届中共中央政治局常委同中外记者见面，习近平总书记的宣示始终如一。他说，要"不断把人民对美好生活的向往变为现实"⑦。这是为人民代言、为人民立言、为人民造福的执政应答，也是人民利益、人民心声、人民智慧的集中表达。

　　坚持人民至上，不仅要造福人民，还要倾听人民心声，让人民当家作主，行使民主权利。

上海长宁区虹桥街道"开门立法"

　　上海市长宁区虹桥街道萍聚工作室举行过一场关于妇女权益保障法（修订草案）的征询会，与会者畅所欲言。上海虹桥街道社区居民、赤道几内亚人贝拉勇提出，要让女性在各行各业都有存在感。上海长宁区法院原法官滕道荣提出，不同地区的经济社会发展条件不同，要关注区域的女性权益保护问题。扎根社区几十年的虹桥街道萍聚工作室党支部书记、负责人朱国萍认为，"开门立法"，就是要让居民在家门口就能参与立法。

　　2015年，虹桥街道成为全国人大常委会法工委设立的首批基层立法联系点之一。截至2022年9月，虹桥街道基层立法联系点共完成68部法律草案的意见征询工作，征询覆盖万余人次，提出建议1500余条，其中121条被采纳。

　　全国各地设立的基层立法联系点已多达5500多个，形成了国家级、省级、市级联系点三级联动的工作格局，搭建起了基层民主共商共建共享的平台，成为全过程人民民主活力无限的生动注脚。

　　虹桥街道是基层行政单位，在这里，老百姓在家门口就能够反映社情民意。这些社情民意通过立法"直通车"被传达到立法机关。这也让我们看到了基层民主实践的满满活力。

中国共产党人高度重视人民群众的主体地位，将儒家"为民作主"的思想转化为"人民当家作主"的政治实践，实现了传统民本思想向现代民主思想的创造性转化和创新性发展。党的十八大以来，中国共产党深化对中国民主政治发展规律的认识，提出并大力推行全过程人民民主，民主理念进一步转化为科学有效的制度安排和具体现实的民主实践。

基层民主是全过程人民民主最直接、最广泛、最生动、最重要的体现之一。人民当家作主，是中国民主的初心。实现全过程人民民主不是简单的口号，而是要通过制度的形式确立下来。在我国，无论是城市居民，还是农村村民，都能够通过以村民自治制度、居民自治制度和职工代表大会制度为主要内容的基层群众自治，依法直接行使民主权利，理性有序地来表达自己的利益诉求，从而实现真正的人民当家作主。

中国民主的特征可以描述为三个 C，即合作（cooperation）、协商（consultation）和共识（consensus）。现在，西方民主的特征也可以描述为三个 C，是竞争（competition）、对抗（confrontation）和冲突（conflict）。中国体系为什么行之有效？因为它能为更多人带来更好的结果。

民主是为了解决问题，不是为了制造更多的问题；是为了减少麻烦，不是为了制造更多的麻烦；是为了让人民群众生活得更好，不是为了让他们更忧虑。

党的二十大报告强调：中国式现代化的本质要求之一就是发展全过程人民民主。占世界人口近五分之一的 14 亿多中国人民真正实现当家作主，享有广泛的权利和自由，提振了发展中国家发展民主的信心，

脱贫攻坚、乡村振兴，造就了万千美丽乡村，造福了万千农民群众

为人类民主事业探索了一条新的路径。这是中国对人类政治文明的重大贡献，也是人类社会的巨大进步。

习近平总书记指出："江山就是人民，人民就是江山。"[8]坚持以人民为中心的发展理念，是对传统"民为邦本"思想的一种继承和超越。一路走来，我们党紧紧依靠人民交出了一份又一份载入史册的优异答卷。面向未来，坚持人民至上，紧紧依靠人民，不断造福人民，牢牢植根人民，始终同人民站在一起、想在一起、干在一起，就一定能够形成勇往直前、无坚不摧的强大力量，在强国建设、民族复兴的新征程上创造新的历史伟业。

注释:

① 习近平:《高举中国特色社会主义伟大旗帜 为全面建设社会主义现代化国家而团结奋斗——在中国共产党第二十次全国代表大会上的报告》,《人民日报》2022 年 10 月 26 日。

② 毛泽东:《论联合政府》,《毛泽东选集》第 3 卷,人民出版社 1991 年版,第 1031 页。

③ 毛泽东:《为人民服务》,《毛泽东选集》第 3 卷,人民出版社 1991 年版,第 1004 页。

④ 本书编写组:《中国共产党简史》,人民出版社、中共党史出版社 2021 年版,第 135 页。

⑤ 习近平:《在中央扶贫开发工作会议上的讲话》,《十八大以来重要文献选编》下,中央文献出版社 2018 年版,第 32 页。

⑥ 习近平:《人民对美好生活的向往,就是我们的奋斗目标》,《人民日报》2012 年 11 月 16 日。

⑦ 习近平:《在二十届中央政治局常委同中外记者见面时的讲话》,《求是》2022 年第 22 期。

⑧ 习近平:《高举中国特色社会主义伟大旗帜 为全面建设社会主义现代化国家而团结奋斗——在中国共产党第二十次全国代表大会上的报告》,《人民日报》2022 年 10 月 26 日。

扫码可收看本期节目

民可近，不可下。民惟邦本，本固邦宁。

——《尚书》

民为贵，社稷次之，君为轻。

——《孟子》

君者，舟也；庶人者，水也。水则载舟，水则覆舟。

——《荀子》

国以民为本，社稷亦为民而立。

——朱熹《四书章句集注》

盖天下之治乱，不在一姓之兴亡，而在万民之忧乐。

——黄宗羲《明夷待访录》

為政以德

共产党人拥有人格力量，才能赢得民心。全党同志都要明大德、守公德、严私德，清清白白做人、干干净净做事，做到克己奉公、以俭修身，永葆清正廉洁的政治本色。[①]

——习近平

叁

为政以德

说文解字

"为政以德"是指以道德的方式来治理国家。其中"政"字从正从攵（音pū），是由"正"加上义符"攵"分化出来的。

| 商 甲骨文 | 西周 金文 | 春秋 金文 | 《说文》 小篆 | 汉 隶书 |

"正"字形演变

"正"的古文字从口从止。一般认为上半部分的"口"表示城邑，下半部分的"止"是足的意思。"正"象向着城邑进军，也就是"征伐"，是一个会意字。"正"本来表示的意思有很多层次，既有"征服"之前的"征伐"，也有"征服"本身，还包括"征服"之后的"改正"和"治理"。

| 商 甲骨文 | 西周 金文 | 春秋 金文 | 《说文》 小篆 | 汉 隶书 |

"政"字形演变

因为"正"字含义太丰富，所以逐渐分化出了"征"和"政"等不同的后起字。"征"，加了义符"彳"，从"彳"的字都和行走有关；"征"用来表示"征伐""征服"。而"政"则是加了义符"攵"。"攵"象手拿着鞭杖一类的工具，从"攵"的字多与动作有关。"政"从"正"分化出来，专门表示"治理"这类意思，后来与"治理"有关的动词、名词多用"政"来表示。

中华民族是重视道德、崇尚修德的民族。政德是整个社会道德建设的风向标。明大德、守公德、严私德，自觉从中华民族优秀传统美德中汲取养分，自觉践行社会主义核心价值观，老老实实向人民群众学习，时时处处见贤思齐，就能赢得人心，赢得事业的成就。

一

《论语》的"为政篇"，集中阐述了孔子有关为官从政等问题的思想。而这一篇开宗明义："为政以德，譬如北辰，居其所而众星共之。"这是孔子打的一个比方，是说最高统治者如果能够施行德政，就能够像北极星受到满天星辰的拱卫那样，受到人民的拥护。"为政以德"反映了儒家治国理政的核心理念。

春秋时期，列国混战，孔子认为这是礼崩乐坏、天下无道的结果，所以他提倡德治、反对苛政。社会秩序井然，人际相处和谐，是孔子希望通过德政达到的社会理想状态。这就是孔子提出"为政以德"的时代背景。

歌曲《幽兰操》

习习谷风，以阴以雨。
之子于归，远送于野。
何彼苍天，不得其所。
逍遥九州，无所定处。
世人暗蔽，不知贤者。
年纪逝迈，一身将老。
伤不逢时，寄兰作操。

相传，孔子自卫返鲁，见香兰而作此歌。

豳公盨

豳公盨，一件来自2900年前的文物，通俗来讲就是一件西周时期的"青铜饭盒"。就像我们现在喜欢用座右铭来激励自己

豳公盨内底铭文

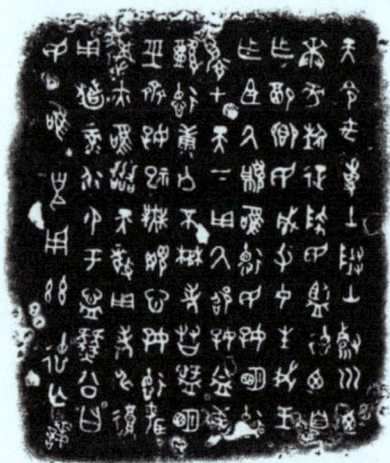

豳公盨内底铭文拓片

一样，古人则喜欢在礼器上铸铭文，用来警诫自己或称颂功德。而这件盨上也铸有一段铭文，主要记述了"大禹治水"的故事。大禹规划天下土地、疏浚河川、平息水患、划定九州，因有功于民众，受到了民众的拥戴。

这段铭文不仅讲述了大禹治水的故事，也阐释了大禹治水中的德治理念，比如"唯德民，好明德，忧在天下"，"用久绍好，益养懿德"。短短98个字，"德"字一共出现了6次，这也是目前已知中国最早的关于德治的文献记录。

中国古代很早就产生了德治的思想，形成了德治的传统。《尚书·大禹谟》载，大禹对舜说："德惟善政，政在养民。"强调施行德政，重视民生。周在吸收夏商灭亡之教训的基础上，也发展出"以德配天""敬德保民""明德慎罚"等治国思想。而孔子正是在这些思想的影响下提出了"为政以德"的政治理念，并做了进

治理国家到底是用德治还是法治，古代的思想家多有争论。孟子主张德治："以力服人者，非心服也，力不赡也；以德服人者，中心悦而诚服也。"在他看来，君王不应该滥用暴力手段迫使百姓服从，而应该更多地关心人民疾苦、解决民生问题，使人心悦诚服。荀子注重德治的同时又强调法治："隆礼尊贤而王，重法爱民而霸。"

一步的阐述。为政者立德政、行德治、施德教，就会得到人民的拥护和支持，国家就会呈现出明德至善、成风化人的良好局面。

在中国古代的国家治理中，既有劝人向善的道德教化手段，也有法律这个刚性的手段，可以说是礼法并举、德法合治。但总的来说，"为政以德"一直是中国古代治国思想的底色。孔子曰："道之以政，齐之以刑，民免而无耻；道之以德，齐之以礼，有耻且格。"意思是说，用政令来治理百姓，用刑罚来制约百姓，百姓就可暂时免于罪过，但不会感到不服从统治是可耻的；如果用道德来统治百姓，用礼教来约束百姓，百姓不但有廉耻之心，而且会纠正自己的错误。在漫长的历史中，中国古代社会逐渐形成了"德主刑辅"的治理模式。

一枝一叶总关情

乾隆十一年（1746），山东潍县县府后院来了一个五十多岁的中年人，他就是刚到任的潍县知县郑板桥。郑板桥为自己立下"立功天地，字养生民"的追求，实实在在地为百姓做了很多事。他还让属吏在县署墙壁上挖孔穿洞，与街市相通，为的是能更好

地倾听民生疾苦。

一年，潍县遭遇历史上最严重的一次灾荒，饿殍遍野。郑板桥寝食难安，上书朝廷请求开仓放粮，朝廷却迟迟不予答复。迫于无奈，郑板桥力劝县中的豪绅大户轮流开设粥厂，规划修城、凿池等工程并召集附近饥民"以工代赈"，责令积存大量粮食的大户按照市价卖粮给饥民，但依然有大量的灾民受饿。

情急之下，郑板桥决定开官仓放粮。当时的僚属劝郑板桥等批文下来后再开仓，但郑板桥不顾阻拦，说如果有上级谴责，由他来承担。后来因为这次事件，郑板桥被罢职。离任那天，潍县百姓纷纷为他送行，一路相送五十里，而郑板桥只带走了一匹骡子和一堆书籍。他还留下了一首著名的题画诗，表达自己时刻以关心百姓为己任的情怀："衙斋卧听萧萧竹，疑是民间疾苦声。些小吾曹州县吏，一枝一叶总关情。"

"一枝一叶总关情"生动地展示了郑板桥的为政理念。而这首诗之所以能够流传，正是因为其中体现的爱民情怀。郑板桥规划修城、救济灾民，解决了老百姓最关心的事，自然受到老百姓的拥护。

像郑板桥这样有担当且扎扎实实、实实在在为老百姓做事的官员，在中国古代是有很多的。如"唐宋八大家"之一的柳宗元，他在柳州任职期间兴办学堂、开荒掘井、发展生产，赢得了当地老百姓的爱戴。他还提出"官为民役"的主张，认为官吏应该是老百姓的仆役，应该为老百姓办事，而不是反过来去奴役老百姓。这个思想的提出，在封建专制时代可以说是石破天惊的，产生了重大影响。

不患位之不尊，而患德之不崇

在东汉时期，有一个名叫张衡的人。提到他，人们就会联想起举世闻名的候风地动仪和浑天仪，但很少有人知道这位鼎鼎大名的古代科学家，也曾是一位地方官。

张衡为官，政绩颇多，从不趋炎附势、追求名利。他任太史令14年，总是得不到升迁，于是有人讥笑："你能使机轮转动，木鸟自飞，自己为什么不能飞黄腾达当大官呢？"为此，张衡特地写下文章《应间》表明心迹。他写道："君子不患位之不尊，而患德之不崇；不耻禄之不伙，而耻智之不博。"意思是说，品德比职位更为重要，不要担心职位不够高，而应该想想自己的道德是不是完善。

无心追求名利的张衡，后来被擢升为河间王刘政的国相，位高权重。当地富豪纷纷贿赂张衡，但他不为所动。在他的治理下，当地政风端正，民风肃然，百姓安居乐业。

"不患位之不尊，而患德之不崇。"习近平总书记在《之江新语·做人与做官》中就引用过这句话。这句话可以从两个方面来理解。一方面，德比位更重要。孟子曾经做过很形象的"天爵"和"人爵"之分，所谓天爵，就是一个人在内在精神、道德上所达到的一种境界；所谓人爵，就是外在的职位。他认为天爵是高于人爵的。另一方面，事实上也强调了有德才能更好地为官从政。孔子曰："政者，正也。子帅以正，孰敢不正？"中国传统文化非常重视发挥为官者引导百姓崇德向善的榜样示范作用。

古代强调任人唯贤、为政以德，都是强调一个"德"字。"为政以德"，一是为政者要学会用德，施行德政；二是为政者要修德，提高个人的品德。中华优秀传统文化提倡为官者应该从忠厚、诚实、清正、廉洁、谨慎、勤奋等方面提升个人修养，推崇任贤、爱民、纳谏等政治品格。

国无德不兴，人无德不立。在中国古代社会，针对官员的选用，首先要求他应该是个道德上的贤人，其次才要求他是执政上的能人。《左传》中就有"三不朽"一说："太上有立德，其次有立功，其次有立言。虽久不废，此之谓不朽。"也就是说，在中国传统文化中，无论是为人处世、建功立业，还是著书立说、发表见解，品德永远是第一位的。

虽然孔子的思想在其所处的时代未被统治者接受，但到了汉代，儒家思想逐渐成为中国治理的主流思想。进入唐宋时期，科举制度成为选拔官员的主要方法。到了宋朝，不断发展的儒家思想成为这种选拔体系的核心并支撑着它的教育体系。《大学》《中庸》《论语》《孟子》在南宋朱熹撰《四书章句集注》始立"四书"之名后，长期作为科举取士的初级标准书。《大学》开篇即言："大学之道，在明明德，在亲民，在止于至善。"这些内容构成了道德和伦理治理的基础，并影响了韩国、日本等国家。

二

中国共产党坚持以马克思列宁主义为指导。1920 年 10 月，列宁在《青年团的任务》一文中提出"共产主义道德"概念。共产主义道德即无产阶级道德，是无产阶级和劳动人民的根本利益和要求的反映。

作为马克思主义政党，中国共产党的根本宗旨就是全心全意为人民服务。正如毛泽东指出的："我们这个队伍完全是为着解放人民的，是彻底地为人民的利益工作的。"②这与中国传统思想"为政以德"中强调的执政者要为民造福、善待民众、以德施政，在很大程度上是契合的。

有盐同咸，无盐同淡

在井冈山革命博物馆里，有一件看似不起眼的装食盐的陶罐。这件陶罐曾在地底埋藏 31 年，是井冈山革命博物馆馆藏的国家一级文物。

陶罐中的食盐，本是红军分给井冈山的村民李尚发的。在井冈山斗争时期，敌人对井冈山实行严密的经济封锁，导致外面的食盐和药品都运不进来。一直到中华苏维埃共和国在瑞金宣告成立，食盐一度是非常稀缺的物资。村民们都舍不得吃盐，李尚发也不例外。他用陶罐把盐装好，藏在自家屋后的树洞里面，以备红军不时之需。

有盐同咸，无盐同淡。有一次，罗荣桓从前线带回两担优质海盐，分配给中央领导每人三小包。毛泽东三送三拒。在他的带动下，两担优质海盐全部送去中央红军医院。因为当时药品奇缺，伤病员只能用食盐水来清洗伤口。③

红军分给农民李尚发的一罐食盐

1959年，李尚发将这个老物件捐赠给井冈山革命博物馆。陶罐背后，展现出中国共产党心系人民、艰苦奋斗的品格，以及军民团结、军民同心的力量。

这个感人的故事当中，给人印象最深的一句话就是"有盐同咸，无盐同淡"。当年国民党反动派对中央苏区实行经济封锁，企图不让"一粒米、一撮盐、一勺水"进入苏区。许多人因为体内缺少盐，身体浮肿，患上各种疾病，甚至丧失生命。苏维埃政府将工作人员的食盐标准一降再降，就是为了保障苏区群众的基本需求。这罐红军盐，是中国共产党人与人民群众同甘苦的重要见证。

美国记者埃德加·斯诺在他的著作《红星照耀中国》中写道，毛泽东、周恩来、彭德怀等领导人在山区过着简朴的生活，住的是窑洞，吃的是小米饭和土豆等简单饮食，睡的是土炕。这些领导人为建设一个更好、更强大的中国所做的奉献给今天世界各国的人们留下了深刻的印象。

这些奉献深刻体现了中国共产党为人民服务的价值观。

中国共产党人之所以能吃这样的苦，是因为他们知道自己身上的担子有多重。在新民主主义革命时期，苦难深重的中国人民都希望能够掌握自己的命运；而中国共产党人所做的一切，就是为了谋求民族的独立、人民的解放和国家的富强，最终实现人民当家作主。中国共产党人正是因为有着与生俱来的人民情怀，所以才赢得了亿万中国人民的衷心拥戴。

革命战争年代的这些故事，充分说明了中国共产党为什么能够成功——最重要的就是跟人民群众心连心。这种为民的思想实际上就是德政。在实行德政的过程中，共产党人形成了一系列伟大的精神，包括伟大的建党精神，以及我们大家所熟悉的井冈山精神、苏区精神、长征精神、遵义会议精神、延安精神、抗战精神、红岩精神、西柏坡精神……从这些红色记忆中，我们看到中国共产党为了人民的幸福，不怕牺牲、英勇顽强地斗争。这正是中国共产党人在革命战争年代，对"为政以德"理念的一种生动诠释。

为了人民的翻身解放，中国共产党人不畏牺牲、浴血奋斗，团结带领人民建立了新中国。进入社会主义革命和建设时期后，中国共产党更带领中国人民自力更生、发愤图强。

生也沙丘，死也沙丘

在兰考县焦裕禄同志纪念馆里，一把静静安放的藤椅，诉说着县委书记焦裕禄在兰考工作的 400 多个日日夜夜。

1962 年，焦裕禄来到兰考任县委书记。地处豫东平原的兰考，风沙、内涝、盐碱等灾害对当地农业生产影响极大。焦裕禄到兰考工作的那年，全县的粮食产量下降到了历史最低水平，形势十分严峻。从到兰考的第二天起，焦裕禄就深入基层调查研究。在一年多的时间里，他跑遍了全县140多个大队中的120多个。那时候的他，很少有时间坐在这张藤椅上。

面对严重的风沙灾害，焦裕禄带领调查队奋战在一线，勘察沙丘和风口状况，用"贴膏药""扎针"等方法把沙丘变成绿洲。涝灾发生后，他带头蹚着齐腰深的洪水察看洪水流势。没有先进的仪器设备，他就用舌头辨别土壤的含碱量。

焦裕禄原有肝病，工作一忙起来经常忘记打针吃药。1964年起，他的肝病越发严重。就在这张藤椅上，焦裕禄忍着钻心的疼痛，开会、作报告、看材料、批文件。疼痛难忍的时候，他总是用钢笔或木棍的一头顶在藤椅右边，一头顶在肝部。久而久之，藤椅的右边被顶出了一个大窟窿。后来，他的肝病严重到不得不住院治疗。临行前，他坐在这张藤椅上，写下了生命中的最后一篇文字《兰考人民多奇志，敢教日月换新天》。

焦裕禄的藤椅

焦裕禄同志纪念馆内展出的照片

1964 年 5 月 14 日，焦裕禄病逝。在生命的最后时刻，他说："我死后只有一个要求，要求组织上把我运回兰考，埋在沙堆上，活着我没有治好沙丘，死了也要看着你们把沙丘治好！"

尽管焦裕禄离开我们已经快 60 年了，但是焦裕禄精神并没有随着时间流逝而消减。焦裕禄精神的本质就是全心全意为人民服务。焦裕禄心中装着人民，唯独没有他自己。可以说，"亲民爱民、艰苦奋斗、科学求实、迎难而上、无私奉献"的焦裕禄精神，是这一时期中国共产党人"为政以德"的生动体现。

在这一时期，我们党团结带领人民自力更生、发愤图强，创造了社会主义革命和建设的伟大成就，实现了中华民族有史以来最为广泛而深刻的社会变革，也实现了一穷二白、人口众多的东方大国大步迈进社会主义社会的伟大飞跃，先后涌现了"人民的好公仆"焦裕禄、"四有"书记谷文昌等一批先进的模范人物。他们的忘我付出、无私奉献，展现了中国共产党人一心为民、"为政以德"的情怀和追求。

中国共产党人始终把人民立场作为根本政治立场。人民立场绝不是一个抽象的概念，而是在各个历史时期，中国共产党人都有与之相对应的具体的实践和要求。

到了改革开放时期，我们党面临的主要任务就是继续探索中国建设社会主义的正确道路，解放和发展生产力，使人民摆脱贫困、尽快富裕起来。这一时期，广大党员干部的"为政之德"思想体现为解放思想、实事求是、开拓创新、勇于担当、开放包容、兼容并蓄的精神品格。

一提到改革开放，大家首先会想到深圳特区。其实在当年的深圳还有一个"特区中的特区"，那就是蛇口工业区。正是在蛇口工业区，炸响了改革开放的"开山炮"。一批共产党人逢山开路、遇水搭桥，以改革创新的精神、勇于担当的作为，探索创立了被誉为"改革开放试验田"的"蛇口模式"。他们在全国率先推进了企业的管理体制、分配体制、干部人事制度、住房制度、金融改革等一系列改革试验，创下了24项全国第一。这些改革试验极大地解放和发展了生产力。

改革开放以来，中国共产党团结带领人民解放思想、锐意进取，创造了改革开放和社会主义现代化建设的伟大成就，推进了中华民族从站起来到富起来的伟大飞跃，中国大踏步地赶上了时代潮流。

三

汲取"为政以德"的政治智慧，中国共产党人在不同历史时期都进行着与时俱进的探索实践。进入新时代，我们面临新的任务、新的挑战，"为政以德"的理念有了新的发展。

2012年11月15日，新当选的中共中央总书记习近平，面对中外记者深情地说："人民对美好生活的向往，就是我们的奋斗目标。"④2013年6月至2014年9月，全党分两批开展以"为民务实清廉"为主要内容的党的群众路线教育实践活动，"为民"就是坚持立党为公，执政为民；"务实"就是要求真务实，真抓实干；"清廉"就是要严于律己、廉洁奉公。"为民务实清廉"，这是党心、民心所向，也是对党员干部政德的时代要求。

湖南湘西十八洞村，精准扶贫首倡地

修建在西藏山顶崖边的足球场

"你的偶像是谁？"

"内马尔。"

"你的梦想是什么？"

"超越内马尔。"

在西藏墨脱的一座修建在山顶崖边的足球场上，孩子们奔跑传球，脚下生风。闲暇时，他们还会"攀比"自己的梦想。

海拔1200米的西藏墨脱，是中国最后一个通公路的县城。这里的孩子有一项绝活——踢足球。虽然墨脱山区地理条件复杂、处于喜马拉雅断裂带和墨脱断裂带上，但一座漂亮的标准11人制足球场就修建在这里。

校长阿旺朗杰，是最早把足球带进墨脱的人。阿旺朗杰说，这里的孩子主要是门巴族、珞巴族，他们特别喜欢踢球。"我们那个年代条件有限，买不到很好的足球，就靠'纸包球'或饮料瓶来踢球。因为交通不便，过去是带学生走路、翻雪山，然后到林芝市区参加比赛。"阿旺朗杰回忆。

为孩子们创造更好的踢球环境，过程殊为不易。墨脱是山地，球场大型物料很难运进来。赶上雨季，道路有时会塌方，车都进不去。要赶工程进度，就得人扛钢材，像"蚂蚁搬家"一样。但当所有人看到球场建成、孩子们在新球场上奔跑欢呼的时候，一切努力都有了回报。如今，足球给这座边境小城带来了新的活力和希望。

"为政以德"，对于援藏干部来讲，就是要心怀"国之大者"。全程参与足球场建设的援藏干部叶敏坚说："作为援藏干部，能

西藏墨脱修建在山顶崖边的足球场（俯瞰）

够想方设法为当地的群众、当地的青少年做更多好事跟实事，就
是我们的初衷。""我们要按照党和国家的要求，竭尽全力完成
这种责任跟使命，用心用情用力来做好工作，来不断满足群众对
美好生活的向往。"

　　每个时代都有每个时代的具体要求，"为政以德"也需要与时俱进。
进入新时代，我国社会主要矛盾已经转化为人民日益增长的美好生活
需要和不平衡不充分的发展之间的矛盾。以前要解决"有没有"的问题，
现在要解决"好不好"的问题。为了让人民过上更好的日子，中国共
产党不断把为人民造福事业向前推进。

　　为了解决城乡发展不平衡、区域发展不平衡问题，一批批的扶贫
干部深入田间地头，来到偏远地区和祖国边疆，上下一心、埋头苦干，
最终打赢了人类历史上规模最大的脱贫攻坚战，实现了小康这个中华
民族千年的梦想。

青年声音

　　我知道在云南丽江的张桂梅校长。她在大山深处创办了一
所免费女子高中，让很多因家庭贫困而上不起学的女孩可以有
机会走进教室，通过教育扶贫的方式，照亮了女孩们的人生路。

　　　　　　　　　　　　　　　　　　——青年观众　徐睿

　　我想到了一位德高望重的农业科技工作者——赵亚夫。他扎
根江苏农村60多年，帮助当地农民发展农业、脱贫致富。"要致富，
找亚夫。"这句顺口溜是当地农民对赵亚夫最简洁的赞扬。

　　　　　　　　　　　　　　　　　　——南京大学　唐文悦

　　我想到我的校友——大学生村官黄文秀。她研究生毕业后，
没有选择大城市的工作机会，而是回到家乡，主动申请去贫困村

当第一书记，甚至将自己的生命也奉献给了脱贫攻坚事业。

——北京师范大学　唐嘉如

鲜红的党旗飘扬在脱贫攻坚的最前线，也飘扬在社会治理的基层一线。

探索新时代城市版"枫桥经验"

位于南京紫金山东麓的仙林街道，辖内28万人口，是一处集高等院校、商业街区、居民小区于一体的现代新型城市街道。由于历史遗留问题多、人员复杂，这里曾经矛盾纠纷频发，群众上访不断。2010年开始，仙林街道从抓党建责任制入手，通过网格化破题，化解了一系列矛盾。

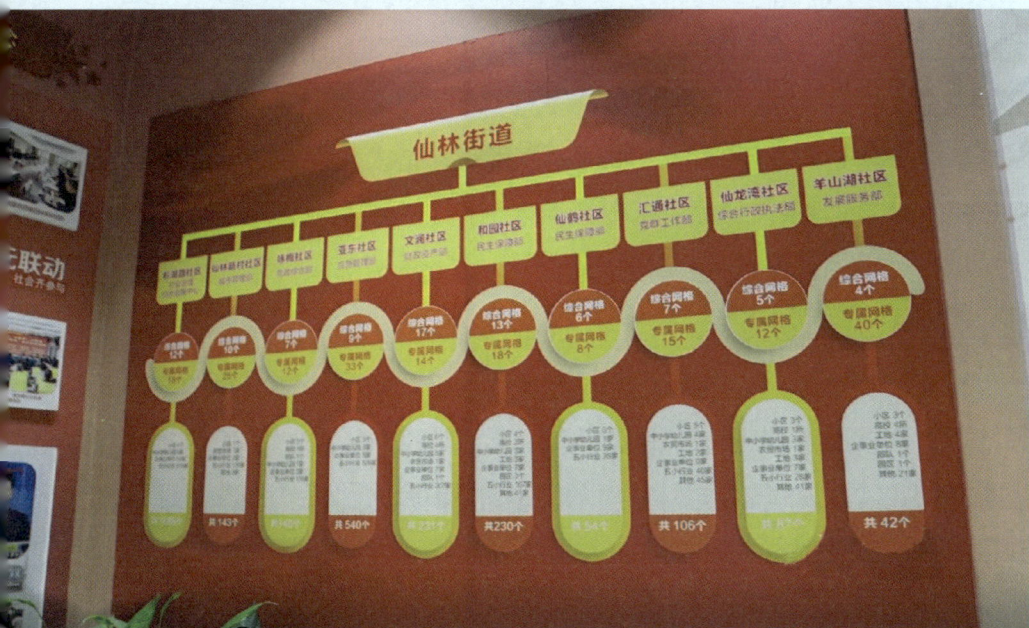

以仙林新村为例。该小区曾有 1056 个地下室，开麻将档、开小餐饮，环境脏乱差，安全隐患大，老百姓意见大。仙林街道管理者从基层出发，以法为据、以理服人，在街道和社区组建起了 6 个工作组。网格员、志愿者全部上门做工作，了解每家每户的实际情况，为他们办实事，帮助他们解决就业，协调地下室杂物的临时堆放点。有的人家，光上门次数就达到 46 次。

"街道和社区每天都来给我们做工作，后来，我带头行动。"一位社区居民说。历时 10 个月，居民从不理解转为参与、支持，街道把地下室全部粉刷，用栅栏重新分隔空间。

10 多年来，仙林街道以自治为基础，以法治为保障，以德治为支撑，探索了新时代下城市版"枫桥经验"。

今天，有很多外国人长期居住在中国。他们目睹了中国的快速发展，亲身感受到了小区里的睦邻友好。他们注意到，在中国，邻里之间发生问题争端时，通常都可以通过协商或居委会调解加以解决。这反映了中国自古以来的传统道德观念，以及人们对教育和自我修养的重视。

基层治理是国家治理的"最后一公里"，是人民群众感知公共服务效能和温度的"神经末梢"。社区治理好不好，关键在于基层党组织，在于广大党员干部发挥先锋模范作用。基层党员干部积极主动发现问题、解决问题，就是为老百姓干实事，这是执政为民的生动体现。

仙林街道的例子，体现了我们新时代基层社会治理德治与法治的相结合，体现了法理相融、刚柔相济、宽严适度的原则。党的二十大报告强调："要坚持依法治国和以德治国相结合。"习近平总书记深刻指出："治理国家、治理社会必须一手抓法治、一手抓德治，既重视发挥法律的规范作用，又重视发挥道德的教化作用，实现法律和道德相辅相成、法治和德治相得益彰。"⑤

要发挥道德的教化作用，这对领导干部提出了更高的、更新的要求。其中最关键的一点，就是领导干部要以身作则、以上率下，这对营造良好的社会环境至关重要。习近平总书记强调，各级领导干部都要"严以修身、严以用权、严以律己，谋事要实、创业要实、做人要实"⑥。"三严三实"言简意赅而又内涵深刻，阐明了党员干部的修身之本、为政之道、成事之要，为新时代党员干部政德建设提供了根本遵循。领导干部的政德不仅关系着本人的品行和形象，更关系到党和政府在群众当中的威信和形象，对社会风气的形成、大众生活情趣的培养，具有"上行下效"的示范功能，良好的政德更是凝聚党心民心的巨大力量。

党的二十大报告指出："全面从严治党是党永葆生机活力、走好新的赶考之路的必由之路。"党员领导干部作为"关键少数"，要自觉地践行以忠诚老实、公道正派、实事求是、清正廉洁为主要内容的共产党人价值观，做讲政治、立官德、有作为、守纪律的表率。从"关键少数"到"全党多数"，可以说，我们党始终在推进党的自我革命，为确保党的先进性和纯洁性，为更好地为政以德、从政以德提供了思想基础、制度保障和力量源泉。

"为政以德"的理念，在新时代、新征程上焕发出新的蓬勃生机。"做官先做人，做人先立德；德乃官之本，为官先修德。"也就是说，德既是立身之本、为官之魂、为政之要，也是立国之基。面向未来，政德建设是巩固党的执政基础、保持党的先进性的内在要求，是加强干部队伍建设、全面从严治党的迫切要求，是增强党的执政能力、实现中华民族伟大复兴的基础保障。

在绵延几千年的历史进程中，"为政以德"的理念深刻影响了历代执政者的治国理政实践。以史为鉴，开创未来。进入新时代，迈上新征程，中国共产党人继承和发展了"为政以德"的政治智慧，并赋予其新的时代内涵，始终心怀"国之大者"，不断开辟中国之治新境界，交出了一份不负人民的时代答卷。

注释：

① 习近平：《在"七一勋章"颁授仪式上的讲话》，《人民日报》2021年6月30日。

② 毛泽东：《为人民服务》，《毛泽东选集》第3卷，人民出版社1991年版，第1004页。

③ 关山远：《与人民同甘共苦，还"同咸同淡"》，《新华每日电讯》2018年6月29日。

④ 习近平：《人民对美好生活的向往，就是我们的奋斗目标》，《人民日报》2012年11月16日。

⑤ 习近平：《加快建设社会主义法治国家》，《求是》2015年第1期。

⑥ 习近平：《努力成为可堪大用能担重任的栋梁之才》，《求是》2022年第3期。

扫码可收看本期节目

为政以德，譬如北辰，居其所而众星共之。

——《论语》

政者，正也。子帅以正，孰敢不正？

——《论语》

故为政在人，取人以身，修身以道，修道以仁。

——《礼记》

君子不患位之不尊，而患德之不崇。

——张衡《应间》

恃力者虽盛而必衰，以德者愈迟而终显。

——欧阳修《欧阳文忠公集》

革故鼎新

今天，我们要开创中华民族伟大复兴新局面，就必须树立宏大历史视野，把握世界发展大势，聆听时代声音，勇于坚持真理、修正错误，不断推进理论创新、实践创新、制度创新、文化创新以及其他各方面创新，在时代前进的洪流中书写中华民族发展新篇章。①

——习近平

肆

革故鼎新

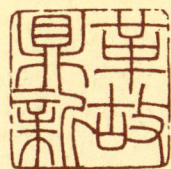

说文解字

　　"革故鼎新"的意思是除掉旧的,建立新的。其中"革"字的甲骨文,象把兽类毛皮剥下摊开的形状,有头、身体和尾巴。"革"字的两层意思都是由此而来:它的第一层意思是名词性的,指剥下并去毛的皮,就是我们今天说的"皮革";第二层意思是动词性的,指剥皮去毛这个动作,也就是"革除"的意思。

"革"字字形演变

| 商 | 西周 | 战国 | 秦 | 汉 |
| 甲骨文 | 金文 | 金文 | 小篆 | 隶书 |

"鼎"字字形演变

| 商 | 西周 | 西周晚期 | 《说文》 | 汉 |
| 甲骨文 | 金文 | 金文 | 小篆 | 隶书 |

　　"鼎"字是个典型的象形字,它的甲骨文就是一尊有耳朵有脚的鼎的形状。鼎是古代的一种炊具,用于煮盛物品。古代的贵族又用青铜铸造鼎,作为祭祀的礼器使用。本来,"鼎"是没有"更新"的含义的,但《周易》中有"革""鼎"两卦,《周易·杂卦》将相邻的这两卦连起来解释:"革,去故也;鼎,取新也。""鼎"从此被赋予了"更新"的含义。

　　革故鼎新、与时俱进是中华文明永恒的精神气质。今天，我们比历史上任何时期都更接近、更有信心和能力实现中华民族伟大复兴的目标。我们从事的是前无古人的伟大事业，要以科学的态度对待科学、以真理的精神追求真理，通过革故鼎新不断开辟未来。

———

　　"革故鼎新"其实是一个很古老的词，最早来源于《周易》。"革"和"鼎"是《周易》中相邻的两个卦，《周易·杂卦》连起来解释为"革，去故也；鼎，取新也"。正是从这个时候开始，"鼎"有了"更新"的含义。"革故鼎新"的意思就是除去旧的，建立新的。后来它的含义延伸为通过破旧立新，推动事物和社会健康成长。

　　"革故鼎新"就是破旧立新，但这并不意味着只要是旧的我们就要抛弃。

　　2008年上映了一部以中国功夫为主题的喜剧电影《功夫熊猫》。电影中熊猫阿宝之所以能成为功夫大师，是因为他非常尊崇中国功夫的传统，吸收了其中的智慧；同时，他能够根据自己的特点，实现新的突破。于是，他的功力突飞猛进。这就体现了中国传统哲学和文化的精髓——继承和发展。

　　在当代，将中华优秀传统文化结合新的时代条件继承和发展好，展现出中华文化所具有的独特精神气质，就是"革故鼎新"。十九世纪的德国古典哲学家黑格尔在比较了各国的国运后讲过："只有黄河、长江流过的那个中华帝国是世界上唯一持久的国家。"②百年后，英国学者罗素也发出惊叹："从孔子的时代以来，古埃及、巴比伦、马其顿、罗马帝国都先后灭亡，只有中国通过不断进化依然生存。"③

在世界几种主要古代文明当中，中华文明是唯一没有中断而且延续至今的。中华文明之所以生生不息、流动不息、变化不息，一个重要原因就是中华文明具有不断革新的精神。习近平总书记指出："中华文明的创新性，从根本上决定了中华民族守正不守旧、尊古不复古的进取精神，决定了中华民族不惧新挑战、勇于接受新事物的无畏品格。"④

魏国通过变法走上"逆袭"之路

战国时期，魏国作为新兴国家，周边强敌环伺，富庶程度不如韩国，军事实力不敌赵国。在魏国政治巨星——相邦李悝的主导下，这个年轻的国家通过变法和改革走上"逆袭"之路。

试着还原一下当时的上朝议事场景：

情景演绎《李悝变法》

一日，魏国相邦李悝在朝上说："从今年起，所有公室和大族的爵位不再世袭，有功者授爵。"话音一落，众臣喧哗，纷纷向国君发表不同意见："君上，爵位世袭天经地义，不可说变就变啊！"魏国国君魏斯却非常支持李悝："去立功，就能活得很好。墨守传统，魏国没有出路，变法才能图强！"后来，魏斯果然任命出身平民的乐羊担任将军。

此后，李悝又推进了全面改革：取消贵族世袭的特权，以才华和贡献获取名利；废除井田制；对士兵进行考核……僵化的等级制度被打破了，魏国爆发出前所未有的活力。魏国的快速强盛震动了其他各国，战国时期的变法序幕由此揭开。

自古以来，中国就把"革故鼎新"看作理政的头等大事。东汉魏伯阳在《周易参同契》中指出："御政之首，鼎新革故。"正是在这种革新精神的影响下，中国大地上发生了无数变法图强的运动。除了上述的李悝变法，历史上有名的变法还有战国时期的商鞅变法、宋朝的王安石变法等。战国时期商鞅的两次变法，奠定了秦国富强的基础，为秦统一六国做好了准备。之后，秦王朝建立，秦始皇看到了分封制的弊端，遂听从李斯建议，采用郡县制，加强了专制主义中央集权的统治，完成了又一次的重大变革。王安石变法引起了列宁的关注，列

《天问》节选

遂古之初，谁传道之？上下未形，何由考之？
冥昭瞢暗，谁能极之？冯翼惟象，何以识之？
明明暗暗，惟时何为？阴阳三合，何本何化？
圜则九重，孰营度之？惟兹何功，孰初作之？
斡维焉系，天极焉加？八柱何当，东南何亏？
九天之际，安放安属？隅隈多有，谁知其数？

《天问》是屈原创作的一首长诗，也是《楚辞》中的一篇奇文。屈原对一些天文、地理等方面的传统观念大胆怀疑，提出了"为什么白天光明夜晚黑暗？""天在哪里与地交会？"等170多个问题，表现了他追求真理的探索精神。我国的行星探测任务就被命名为"天问"系列，表达了对探索未知的执着，以及追求科技创新的永无止境。中国人从来都没有停止过探索的脚步。

宁称王安石是"中国十一世纪的改革家"。

这些改革以打破旧制、开创新局的精神，致力于探寻国家变革与社会进步的道路。"革故鼎新"实际上体现了一种永不停滞的进取的姿态，是在变中求新，在新中继续求进。回顾中国历史，"革故鼎新"精神不断推动着社会的发展；尤其是在科技领域，它引领着人们不断探索新的未知。

"登"上月球的中国古代科学家

2021年5月24日，在嫦娥五号探测器成功登陆月球半年之后，着陆点附近的五座小环形山分别有了自己的中国名字：裴秀、沈括、刘徽、宋应星、徐光启。他们是谁？为什么他们的名字可以"登"上月球？

裴秀，西晋时期地理学家。他首次明确建立了中国古代地图的绘制理论——制图六体，这是当时世界上最科学、完善的制图理论。

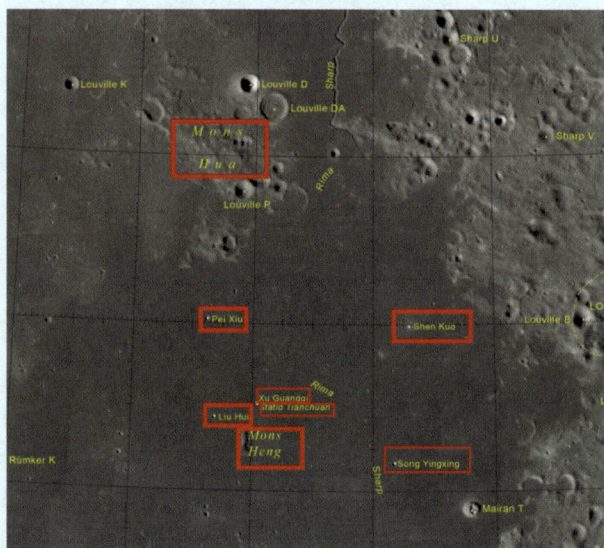

月球新增8个中国地名

沈括，宋代天文学家、数学家。他是世界上最早用实验证明磁偏角现象的人，比哥伦布发现磁偏角现象早了400多年。

刘徽，三国时期魏国数学家。他用十进小数来表示无理数的立方根，是世界上最早提出十进小数的人。他提出的割圆术在人类历史上首次将极限和无穷小分割引入数学证明。

宋应星，明末科学家。他编著的《天工开物》是世界上第一部关于农业和手工业生产的综合性著作，书中的物种发展变异理论比西方的种源说早了100多年。

徐光启，明代科学家。他主持编著的《崇祯历书》，修正中国传统的二十四节气，使其变得更为准确、科学，并一直沿用至今。

如今，他们的名字被铭刻在月球上。这是中国航天人与这些古代科学家一次跨越时空的对话。一代代中国科学家的变革创新精神也伴着穿越千年的月光，在星空中永恒闪耀。

关于中国古代的科技发展，最著名的同时也是在世界上影响最大的是四大发明：指南针、造纸术、火药和印刷术。此外，中国古代在天文历法、数学、农学、医学、地理学等众多科技领域都取得了巨大成就。有资料显示，16世纪以前世界上最重要的300项发明和发现，由中国人发明和发现的有173项。

"创新"之所以能够成为中华民族的基因，一个重要的原因在于，中华传统教育的要求。《礼记》记载，汤之《盘铭》曰："苟日新，日日新，又日新。"《周易》曰："穷则变，变则通，通则久。"《论语》曰："温故而知新，可以为师矣。"千百年来，在这些名言警句的传颂中，"革故鼎新"已经化育为整个中华民族的精神特质。

二

中华文明演进的坐标当中，中国历史的轨迹从1840年鸦片战争开始陡转直下，国家蒙辱、人民蒙难、文明蒙尘，中华民族遭受了前所未有的劫难。在这种历史背景之下，"革故鼎新"的思想能为这片满目疮痍的土地带来什么呢？

从甲午到建党

　　1898 年 7 月，人们在报摊前争相购买一份报纸，这份报纸上刊登了一幅时事漫画，名为《时局图》。它定格下了一个民族的巨大耻辱。

　　漫画诞生的背景，是 1895 年中国在甲午战争中惨败。1840 年以来一路沉沦的中华民族，随着甲午战争中覆灭的北洋舰队，沉落到了最低点。这场惨败带来了空前的民族灾难，也极大刺激了民族的觉醒。人们意识到，不变革封建专制旧制度就想达到"自强""求富"的目标，是根本不可能的。带着强烈的救亡意识和变革思想，志士仁人奋起寻找国家和民族的新出路。公车上书、戊戌变法、义和团运动等接连而起，但都以失败告终。孙中山领导的辛亥革命推翻了统治中国几千年的君主专制制度，但未能改变中国半殖民地半封建的社会性质和中国人民的悲惨命运。危亡时刻，中国迫切需要新的思想引领救亡运动，迫切需要新的组织凝聚革命力量。在五四运动的大潮中，在中国人民和中华民族的伟

大觉醒中，在马克思列宁主义同中国工人运动的紧密结合中，1921 年 7 月中国共产党应运而生。中国诞生了共产党，这是开天辟地的大事变，中国革命的面貌从此焕然一新。

中国共产党带领中国人民走过了波澜壮阔的革命历程。

"革故鼎新"的思想与马克思主义的辩证唯物主义和历史唯物主义原理是高度契合的。马克思强调要"在批判旧世界中发现新世界"⑤，指出"社会主义不通过革命是不可能实现的"⑥。作为马克思主义政党，我们党在党的一大通过的《中国共产党第一个纲领》中，就郑重提出"党的根本政治目的是实行社会革命"⑦。中国共产党人正是带着这样的目标，带着"为中国人民谋幸福、为中华民族谋复兴"这样的初心和使命，完成了新民主主义革命，为变革落后的社会制度开辟了新道路。

新中国的成立，建立了中国历史上从未有过的人民当家作主的新型政权，从根本上改变了中国人民的命运，开辟了中国历史发展的新纪元。

新中国成立之后，人民代表大会制度、中国共产党领导的多党合作和政治协商制度、民族区域自治制度等，都是人类政治制度史上的伟大创造。经济社会领域的深刻变革也不断推进，我们实现了社会主义改造，完成社会主义革命，建立起新的社会制度。就像毛泽东当年说的："我们不但善于破坏一个旧世界，我们还将善于建设一个新世界。"⑧

"革故鼎新"不仅仅是求生存的必然要求，也是谋发展的内在动力。为了进一步解放和发展生产力，党的十一届三中全会之后，中国开启了第二次革命——改革开放。改革开放从本质上讲是从新的实践和时代特征出发，继续探索中国建设社会主义的正确道路，解放和发展社会生产力，使人民摆脱贫困、尽快富裕起来。

在我们改革开放的过程当中，有很多外国友人来到中国，他们见证着，甚至是参与了中国改革开放的伟大历程。面对中国巨大的变化，他们的感触非常强烈。中国的改革开放带来了巨大的能量，激发出了巨大的社会活力。

域外声音

我是龙安志，来中国40多年了。80年代的时候我当过律师，帮助很多的外国公司到中国来投资。我看到，中国的这40多年，是从物质非常紧缺的状态，一步一步改善，逐渐丰富起来的。并且，中国人现在开始追求精神生活。我看到很多新的博物馆、很多现代艺术区，我觉得这方面中国人民能够享受得更多。而且我觉得现在中国的年轻人，越来越有创意，越来越有意思。

——中国政府友谊奖获得者、美国律师　龙安志

我是来自苏格兰的布鲁斯·康诺利，是1987年来到中国的。当时有一列三个小时的直达列车，可以从广州到香港。当我们驶离广州时，沿途都是稻田、水牛，都是小村庄，没有大城市。直到驶离广州两个小时后，火车放慢速度，才驶过一座现代化的城市，当时我还以为到了香港。我还想这是哪里？其实就是深圳。我当时就意识到了，我在深圳看到的一切，最终会在整个中国一点一点蔓延开来。

——英国摄影师　布鲁斯·康诺利

布鲁斯·康诺利 1987 年拍摄的广州附近的村庄

布鲁斯·康诺利 20 世纪 90 年代初拍摄的深圳

如今的深圳特区生机勃勃，向世界展示了中国改革开放的磅礴伟力

改革开放是对"革故鼎新"思想的一次非常成功的实践。它主动地打破了束缚我国生产力发展的体制机制障碍，冲破了束缚人的发展的陈旧僵化的思想观念，顺应历史潮流，积极应变、主动求变。

"苟利于民，不必法古；苟周于事，不必循旧。"改革开放最本质的要求是创新。在对内改革方面，确立了社会主义市场经济的改革方向；在对外开放方面，从兴办深圳等经济特区、开发开放浦东，到加入世界贸易组织，形成了多层次、多渠道、全方位开放的格局。

通过持续地推进改革开放，我们国家实现了从高度集中的计划经济体制到充满活力的社会主义市场经济体制，从封闭半封闭到全方位开放的这样一个历史性转变。正如习近平总书记所指出的："改革开放是中国人民和中华民族发展史上一次伟大革命，正是这个伟大革命推动了中国特色社会主义事业的伟大飞跃！"⑨

三

今天，在新的历史起点上，习近平总书记以全局视野布局党和国家发展各项事业，强调"既要勇于'破'，又要善于'立'"⑩，辩证取舍、推陈出新，引领开启新时代中国的伟大变革。

"一粒药"背后，看上海自贸区制度创新"加速度"

2022年，一款由中国科学家、中国临床医生、中国企业主导完成的治疗糖尿病的全球首创的新药，在中国（上海）自由贸易试验区诞生。

华领医药的佘劲介绍，创新药的特点就是高投入、高风险、长周期。"得益于2016年在上海开始试点的（药品）上市许可持有人制度，我们这样的研发企业不再需要早期建厂，而是专注研发，最后委托生产。"此举节省了企业成本，同时加快了创新药上市的时间。

从最早探索先照后证、证照分离，到最先进行市场准入"一业一证"改革试点；从最早施行注册资本认缴制，到率先深化商事主体登记确认制改革……作为全国首个自贸试验区，上海自贸区制度创新跑出"加速度"，全面深化改革的"种子"在这块国家试验田里不断生长，已诞生300多项制度创新成果，为全国提供了许多可复制可推广的经验。

党的十八大以来，中国特色社会主义进入新时代，改革开放也面临着新的形势。用习近平主席的话讲，就是"已进入深水区，可以说，

海南自由贸易港海口港集装箱码头

容易的、皆大欢喜的改革已经完成了，好吃的肉都吃掉了，剩下的都是难啃的硬骨头"⑪。在新时代，"革故鼎新"就是要不断地创新，就是要敢为天下先，而制度创新是其中最重要的一环。

党的十八大以来，为了推进更高水平的改革开放，先后诞生了21个自贸试验区及海南自由贸易港，为新时代全面深化改革和扩大开放探索新的途径、积累新的经验。制度创新已经成为牵动改革的"牛鼻子"，不断激发新的改革活力，在推动中国经济高质量发展、构建新发展格局和服务国家战略等方面发挥了重要作用。

十年来，我们以巨大的政治勇气全面深化改革，我们推动的改革是全方位、深层次、根本性的，取得的成就是历史性、革命性、开创性的。

新时代的伟大变革

改革是解放和发展社会生产力的关键，是推动国家发展的根本动力。2013年，具有划时代意义的党的十八届三中全会胜利召开，提出了全面深化改革的总目标——完善和发展中国特色社会主义制度，推进国家治理体系和治理能力现代化。新时代十年，我们以巨大的政治勇气全面深化改革，打响改革攻坚战，加强改革顶层设计，敢于突进深水区，敢于啃硬骨头，敢于涉险滩，敢于面对新矛盾新挑战，冲破思想观念束缚，突破利益固化藩篱，坚决破除各方面体制机制弊端，各领域基础性制度框架基本建立，许多领域实现历史性变革、系统性重塑、整体性重构，新一轮党和国家机构改革全面完成，中国特色社会主义制度更加成熟更加定型，国家治理体系和治理能力现代化水平明显提高。

推进全面建设社会主义现代化国家这一项伟大而艰巨的事业，必须有"明知山有虎，偏向虎山行"的勇气，必须把握好的重大原则之一就是"坚持深化改革开放"。习近平总书记强调："实现新时代新征程的目标任务，要把全面深化改革作为推进中国式现代化的根本动力，作为稳大局、应变局、开新局的重要抓手，把准方向、守正创新、真抓实干，在新征程上谱写改革开放新篇章。"⑫

制度创新为全面深化改革注入了强大动力，科技领域的每项突破实际上都离不开创新的驱动。

自主创新练就中国高铁奇迹

2022 年正式投入运营的北京冬奥列车有着非常漂亮的冰雪涂装，并在全世界范围内首次实现了时速 350 公里的自动驾驶。在这一款列车上，首次搭载了北斗卫星系统，还配置了千兆以太网。列车安装了数千个传感器，像是带着随车医生一样，可以随时自体检。而这些就是中国高铁实现高速自动驾驶的底气。

冰雪涂装

高寒智能动车组

复兴号高寒智能动车组，又被称为"最抗冻的高铁"。有多能抗？零下 40 摄氏度它依然能够奔跑如常。这款由我国自主研发的复兴号列车首次批量使用了自动化防冻结功能，确保制动系统在严寒中也能够安全可靠；列车水循环系统还配备了高科技"暖宝宝"，用热循环保证水流在零下 40 摄氏度中也能够正常流动……我国幅员辽阔、地形复杂，注定了中国高铁的创新发展之路必须跨越更多的难关，其中就包括征服"世界屋脊"。

图中这款正在驶入站台的"国槐绿"，就是即将登上"世界屋脊"的复兴号列车。这一款"中国制造"，拥有全球首创的双动力牵引模式，可以让整个牵引过程非常顺畅。为了避免乘客产生高原反应，列车还运用了一体化不间断的自动供氧技术。正是有这些技术的加持，我们终于可以更加自由舒适地飞驰在雪域高原上。

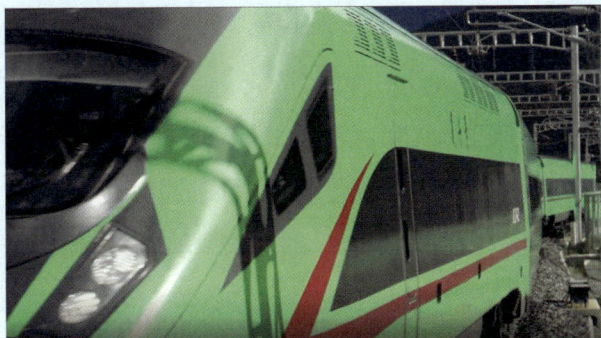

"国槐绿"高铁

如今，行驶在祖国广袤大地上的 4000 多组高速铁路动车中，仅复兴号就已经累计安全运行了 8.36 亿公里，相当于环绕赤道行驶了 2 万圈。自主创新练就了中国高铁奇迹，"流动的中国"生机勃勃。

1978 年，中国客运列车的平均时速是 40 公里左右；而同时，日本新干线时速已经达到 210 公里。从零起步的中国高铁，面对技术封锁，以极大的决心和努力，从"跟跑"到"领跑"，其中靠的是迎难而上、不畏艰险的自主创新。

今天，全世界大概 5 万公里的高铁，中国就有 4.2 万公里。中国高铁已真正成为一张闪亮的"国家名片"。连接印度尼西亚首都雅加达和第四大城市万隆的雅万高铁，是中国高铁首次全系统、全要素、全产业链在海外建设项目，也是印尼乃至东南亚的第一条高速铁路。2023年 10 月 17 日，雅万高铁正式开通运营。

当今世界正在经历百年未有之大变局，新一轮的科技革命和产业变革也在深入发展。我们国家的经济社会发展，比过去任何时候都更加需要科学技术的发展，更加需要增强创新这个第一动力。党的二十大报告中多次提及"创新"，如"创新是第一动力""坚持创新在我国现代化建设全局中的核心地位""加快实施创新驱动发展战略""进入创新型国家行列"等。可见，创新对于今天的社会发展来说尤为重要，这不仅仅体现在科技领域，还体现在文化的传承与发展上。我们的传统文化正在越来越多地融入当代生活。

青年声音

其实近年来有非常多火出圈的博物馆文创，就比如说风头正劲的"考古盲盒"，它就是把当下时兴的这个"盲盒"的概念和文物本身进行了创新结合。我和我身边的朋友都越来越喜欢去博物馆了。

——重庆大学　孙　腾

我也感受到了最近国潮的兴起。比如说改编自传世经典《千里江山图》长卷的舞蹈诗剧《只此青绿》，还有《哪吒之魔童降世》《大鱼海棠》《雄狮少年》《中国奇谭》等国漫影视剧，它们都非常"出圈"。

——南京大学　鲁韦彤

我们的世界在不断改变，优秀传统文化是有生命的。因此，不仅需要保留经过时间考验的价值观和传统，而且需要不断寻找与时代精神相符的新的价值及传统传承方法。只有这样，才能让每一代年轻人真正有兴趣研究历史。这也是"革故鼎新"。

要推动中华优秀传统文化创造性转化、创新性发展，就要以时代精神激活中华优秀传统文化的生命力。博大精深的中华优秀传统文化作为我们在世界文化激荡中站稳脚跟的根基，必须从历史深处走入当代社会。

在理论创新、制度创新、科技创新、文化创新等各方面创新中，理论创新至关重要。它是社会发展和变革的先导，具有引领性作用。党的十八大以来，以习近平同志为主要代表的中国共产党人，坚持把马克思主义基本原理同中国具体实际相结合、同中华优秀传统文化相结合，在伟大的实践当中创立了习近平新时代中国特色社会主义思想。

"两个结合"

在文化传承发展座谈会上，习近平总书记指出："在五千多年中华文明深厚基础上开辟和发展中国特色社会主义，把马克思主义基本原理同中国具体实际、同中华优秀传统文化相结合是必由之路。这是我们在探索中国特色社会主义道路中得出的规律性认识。"⑬

"两个结合"具有深刻内涵和重大意义。"结合"的前提是彼此契合，"结合"的结果是互相成就。"结合"筑牢了道路根基，打开了创新空间，巩固了文化主体性。

"结合"本身就是创新，造就了一个有机统一的新的文化生命体，让马克思主义成为中国的、中华优秀传统文化成为现代的，让经由"结合"而形成的新文化成为中国式现代化的文化形态。

习近平总书记强调："更重要的是，'第二个结合'是又一次的思想解放，让我们能够在更广阔的文化空间中，充分运用中华优秀传统文化的宝贵资源，探索面向未来的理论和制度创新。"⑭"第二个结合"是我们党对马克思主义中国化时代化历史经验的深刻总结，是对中华文明发展规律的深刻把握，表明我们党对中国道路、理论、制度的认识达到了新高度，表明我们党的历史自信、文化自信达到了新高度，表明我们党在传承中华优秀传统文化中推进文化创新的自觉性达到了新高度。

实践已经证明并将继续证明：习近平新时代中国特色社会主义思想，坚持把马克思主义基本原理同中国具体实际相结合、同中华优秀传统文化相结合，是当代中国马克思主义、二十一世纪马克思主义，是中华文化和中国精神的时代精华，为丰富发展马克思主义作出了原创性贡献，为传承发展中华优秀传统文化作出了历史性贡献，为推动人类文明进步作出了世界性贡献。

党的二十大，又进一步概括提出并深入阐述了中国式现代化的理论。这是党的二十大的一个重大理论创新，是科学社会主义的最新重大成果。中国式现代化，代表了人类文明进步的发展方向，为人类实现现代化提供了新的选择。

我们从事的是前无古人的伟大事业，守正才能不迷失方向，创新才能把握时代、引领时代。习近平总书记强调："当代中国的伟大社会变革，不是简单延续我国历史文化的母版，不是简单套用马克思主义经典作家设想的模板，不是其他国家社会主义实践的再版，也不是国外现代化发展的翻版。"⑮历史经验表明，只有从国情出发，勇于开拓，敢于走别人没有走过的路，才能收获别样的风景。

注释:

① 习近平:《在纪念孙中山先生诞辰 150 周年大会上的讲话》,《人民日报》2016 年 11 月 12 日。

②［德］黑格尔:《历史哲学》,王造时译,生活·读书·新知三联书店 1956 年版,第 160 页。

③［英］罗素:《中国问题》,秦悦译,学林出版社 1996 年版,第 164 页。

④ 习近平:《在文化传承发展座谈会上的讲话》,《求是》2023 年第 17 期。

⑤［德］马克思:《摘自"德法年鉴"的书信》,《马克思恩格斯全集》第 1 卷,人民出版社 1956 年版,第 416 页。

⑥［德］马克思:《评一个普鲁士人的＜普鲁士国王和社会改革＞一文》,《马克思恩格斯全集》第 3 卷,人民出版社 2002 年版,第 395 页。

⑦《中国共产党第一个纲领》,《中共中央文件选集》第 1 册,中共中央党校出版社 1989 年版,第 3 页。

⑧ 毛泽东:《在中国共产党第七届中央委员会第二次全体会议上的报告》,《毛泽东选集》第 4 卷,人民出版社 1991 年版,第 1439 页。

⑨ 习近平:《在庆祝改革开放 40 周年大会上的讲话》,《人民日报》2018 年 12 月 19 日。

⑩《中共中央召开党外人士座谈会 习近平主持并发表重要讲话》,《人民日报》2015 年 7 月 31 日。

⑪《习近平接受俄罗斯电视台专访》,《人民日报》2014 年 2 月 9 日。

⑫ 习近平:《全面深化改革开放,为中国式现代化持续注入强劲动力》,《求是》2024 年第 10 期。

⑬ 习近平:《在文化传承发展座谈会上的讲话》,《求是》2023 年第 17 期。

⑭ 习近平:《在文化传承发展座谈会上的讲话》,《求是》2023 年第 17 期。

⑮ 习近平:《在纪念马克思诞辰 200 周年大会上的讲话》,《人民日报》2018 年 5 月 5 日。

扫码可收看本期节目

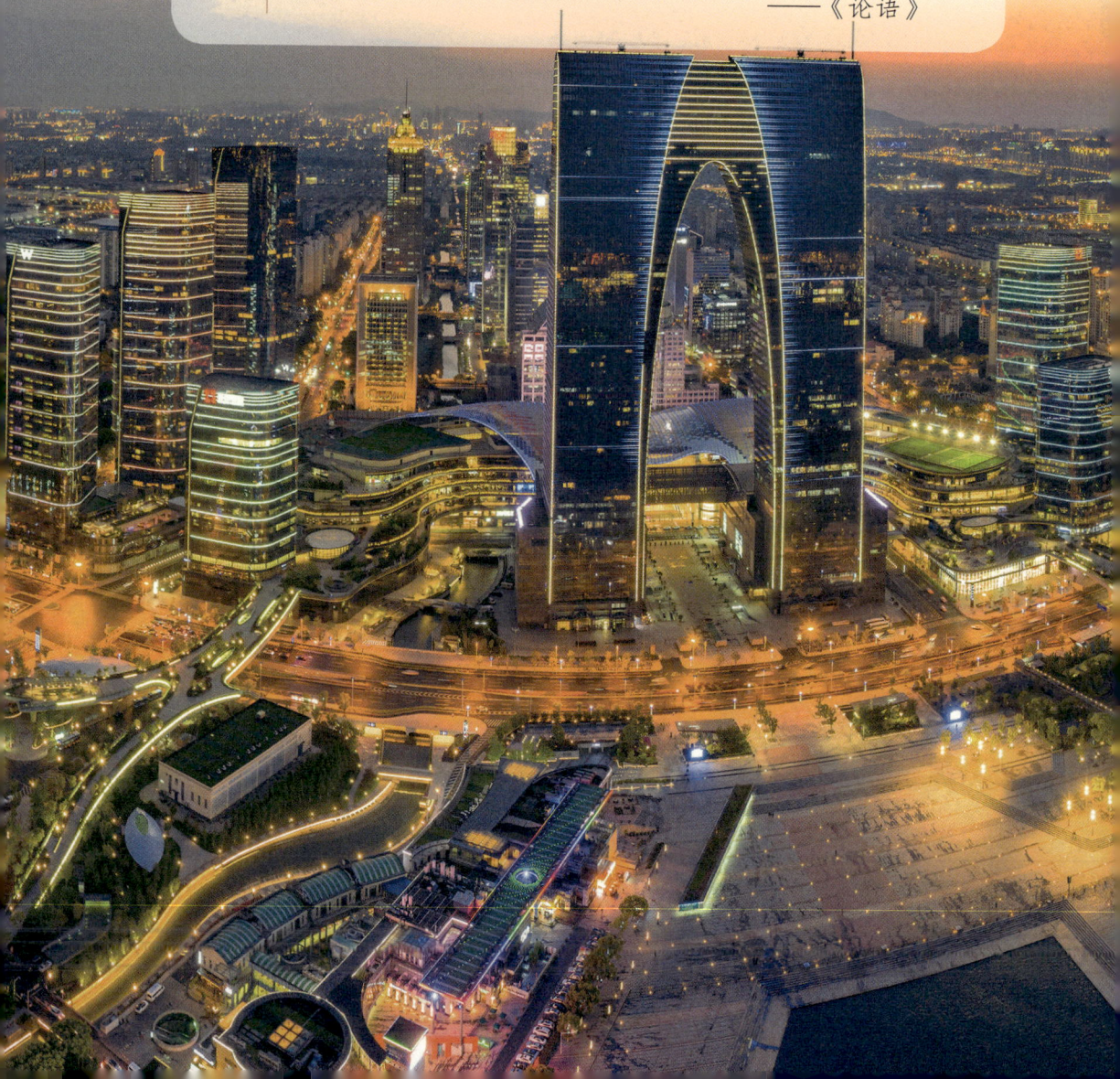

革，去故也；鼎，取新也。

——《周易》

周虽旧邦，其命维新。

——《诗经》

温故而知新，可以为师矣。

——《论语》

苟日新，日日新，又日新。

——《礼记》

天变不足畏，祖宗不足法，人言不足恤。

——《宋史》

任人唯賢

人才是实现民族振兴、赢得国际竞争主动的战略资源。要坚持党管人才原则，聚天下英才而用之，加快建设人才强国。实行更加积极、更加开放、更加有效的人才政策，以识才的慧眼、爱才的诚意、用才的胆识、容才的雅量、聚才的良方，把党内和党外、国内和国外各方面优秀人才集聚到党和人民的伟大奋斗中来。①

——习近平

伍

任人唯贤

说文解字

　　"任人唯贤"这个古语，意思是选拔和任用有贤能的人。其中"贤"这个字，繁体写作"賢"，下半部分是"贝"；上面的部分"臤"，读作"qiān"。"臤"的古文字字形，左边是"臣"，象竖起的目形；右边是"又"，象人的手。"臤"的造字意图，今天已经不是很清楚了。

商代金文的"臤"

西周　　　　　秦　　　　　汉
金文　　　　简牍　　　　隶书

"贤"字形演变

　　"贤"是个形声字，"臤"是声符，表示它的读音；"贝"是义符，表示它的含义。郑玄在解释《周礼·地官》时说："贤者，有德行者。""贤"字从"贝"，意思是国家有贤人，就像家中有财富一样。

任人唯贤、选贤与能的用人标准，是中华优秀传统文化的重要组成部分。新时代党的组织路线提出着力培养忠诚干净担当的高素质干部，着力集聚爱国奉献的各方面优秀人才，坚持德才兼备、以德为先、任人唯贤，就是强调选干部、用人才既要重品德，也不能忽视才干。

一

在先秦的重要典籍《尚书》里，"贤"字有"有德"的意思；同时，在中国历史上，"贤"字还有"多"的意思。今天我们说到"任人唯贤"中的"贤"字时，主要包含两层意思：一是有德行，二是有才能。但是特别强调以德为先，顺序非常重要。

"贤"这个字，如果在英文中找一个词来翻译，其实是很难的，因为没有特别对应的。现在翻译的时候一般会有两种选择：一个是worthy，worthy基本上就是翻译为有价值的人；一个是virtuous，virtuous更多的是接近善良的或者品行端正的这样一种意思。这两种翻译实际上都未能体现出"任人唯贤"中的"贤"字所具有的"德才兼备"的内涵，在实际意义和使用语境上存在差别。

"贤"这个汉字与其英文翻译的差别表明：中国有着悠久的哲学思想传统，可以给西方人提供一个完全不同的视角，使其重新审视西方文化。

伊尹放太甲

商朝初年，太甲即位，不修德政，昏庸暴虐。为了劝诫太甲，四朝元老伊尹将太甲关在桐宫反省，一关就是三年。三年后，太甲二次即位，勤修德政，以身作则，于是诸侯归服、百姓安宁。此后伊尹年岁渐高，准备回去养老。临别前他劝诫太甲："今嗣王新服厥命，惟新厥德。终始惟一，时乃日新。任官惟贤材，左右惟其人。"

情景演绎《伊尹还政》

伊尹放太甲的故事出自《尚书·咸有一德》，相传这一篇的作者就是伊尹。伊尹在归乡前再次劝诫太甲，希望他能够做一个好的君主，其核心思想就是最后两句："任官惟贤材，左右惟其人。"这里的"任"就是指任用，"贤"就是指有德。两句话合起来的意思就是说，任用官员要选择德才兼备的人，左右辅佐的大臣也要选择忠良之人。《尚书·咸有一德》就是"任人唯贤"这个思想的出处。

在众多儒家经典中，也提到了大致相同的思想。《礼记·礼运》：

"大道之行也，天下为公，选贤与能，讲信修睦。""选贤与能"的意思也是选拔和任用德才兼备的人。《论语》中，也出现了与"任人唯贤"相似的表达。孔子的弟子仲弓向孔子问政，孔子明确提出三个办法："先有司，赦小过，举贤才。"最后一个"举贤才"就是跟"任人唯贤"相关的。

智瑶有才无德

公元前 475 年的一天，艳阳高照，晋国都城的大道两边人头攒动，大家都争着来看国君晋出公刚刚任命的正卿——智瑶。智瑶从此掌握晋国军政大权，带领晋国军队南征北战，立下汗马功劳。当时晋国乃至天下口口相传，称智瑶有"五美"：身材高大，仪表魁伟；勇武善射，惯能驾车；力过常人，武艺超群；能言善辩，文辞华美；坚决果断，勇猛刚毅。有此"五美"，简直就是完人。智瑶的一位家臣却认为，智瑶虽然有此"五美"，但为人残暴不仁，不是一个有美好德行的人，所以他的"五美"反而会成为祸害。当时，晋国的贵族里还有赵、韩、魏三家。智瑶仗着自己的功勋，飞扬跋扈，一心想灭掉赵、韩、魏三家从而独霸晋国，常以各种借口向三家索要人口和财物，并侵占他们的封地。三家遂秘密联合，商议共同除掉智瑶。最终智瑶在三家合围之下，兵败身死。而当初任用智瑶的晋出公也被迫出逃，客死他乡。从此晋国的国君，再无半点权威，晋国也逐步被赵、韩、魏三家瓜分。

司马光在《资治通鉴》中评价这个故事："智伯之亡也，才胜德也。"也就是说，他认为智瑶的灭亡，在于才胜过了德。这个评价可谓一针见血。而晋出公也正是因为没有"任人唯贤"，最后只能以客死他乡为结局。这个故事从反面说明了我们的传统为什么这么强调"德"，强调"德才兼备"，强调"以德为先"。德必须是才的统帅。一个人只有德与才组合到一起，才是一个完整的人才，才是真正的"贤"。一个人如果只有才而没有德，就不可能为社会进步作出贡献，反而可能对社会造成危害。

智瑶的故事是一个反面案例，但在中国历史上，"任人唯贤"的正面例子比比皆是。中国历史上的盛世和"任人唯贤"是密不可分的。

齐桓公与管仲

春秋时期，齐国内乱，公子小白在王位争夺中获胜，即后来的齐桓公。管仲在王位争夺中原本是辅佐别人的，齐桓公即位后他逃亡别国，但还是被抓住了。在押还齐国路过边境时，管仲向一位守边的官员讨饭吃。这位官员深知管仲的才能，亲自给他送饭，并问管仲："如果你以后被重用，该如何报答我呢？"管仲说："如果真得到重用，我将任用贤者，使用能者，评赏有功者；除此之外，我没有什么可以报答你的。"这番对话传到了齐桓公的耳朵里，齐桓公很赏识管仲的人品和能力。后来，齐桓公不计前嫌，重用管仲，而管仲也一如他所说的那样，在齐国任用贤能，君臣二人共同开创了春秋霸业。

唐太宗重用马周

马周原本只是一个武将家的门客，出身低微。有一次唐太宗向臣子们询问国策，那个武将为了交差，就让马周替他写了一封奏折。哪知道就是这篇奏折被唐太宗发现了马周的才能。

唐太宗为了当天就能见到马周，甚至接连派遣了四拨人前去催促。见到马周之后，经过交谈，唐太宗立刻让马周出任官职。不到一年又让马周做了监察御史，此后更是升迁他做中书令。做了大官后的马周，对于哪怕是曾经得罪过自己的人，任用起来也是只看贤能、不计前嫌。马周最终成为辅佐唐太宗开创"贞观之治"的一代名臣。

"任人唯贤"是一个贯穿中国古代社会的选人用人理念和标准，早已经融入中华文化的基因中。有很多相关故事流传千古，为百姓津津乐道、耳熟能详，如周文王重用七十多岁的姜子牙、刘备"三顾茅庐"来请诸葛亮等。

乡举里选是西周的选士方法之一，又称"宾兴"，即从王畿内的基层组织乡里选拔士人，人才被逐级地推荐到朝廷。两汉时期发展出察举制，东汉末年的曹操就是通过察举制脱颖而出的。魏晋南北朝时期选官采用九品中正制，初不计门第，提倡唯才是举，后则多以家世为重。隋文帝时废除此制，改设志行修谨、清平干济二科举士。隋炀帝时始置进士科，被视为科举制的起始。

域外声音

我发现刚才讲的几个故事有一个共同点，好像人才的发掘完全取决于君王个人。君王有眼光就能发现人才；如果君王眼光不够好，提拔了智瑶这样的人，甚至会带来灾难。我想，选拔人才不能只依赖君王的眼光吧，那样偶然性太大了，中国古代都依赖什么呢？

——瑞亚米（玻利维亚） 东南大学

探秘南京中国科举博物馆

江南贡院，位于南京市秦淮区夫子庙学宫东侧，地处夫子庙秦淮风光带核心区。如今，江南贡院旧址已建设为南京中国科举博物馆。

伍——任人唯贤

一二一

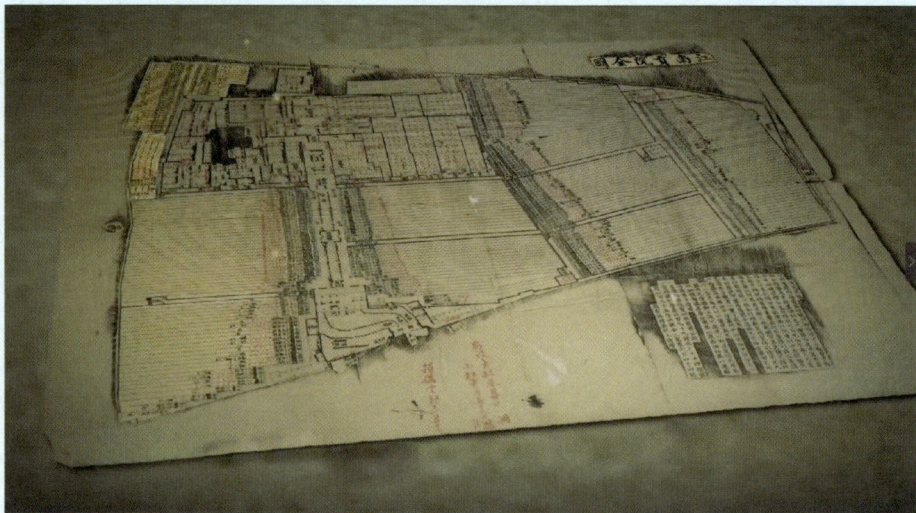

江南贡院全图

　　江南贡院始建于南宋孝宗乾道四年（1168），明清鼎盛时期，是中国历史上最大的科举考场，同时可容纳20644名考生参加考试。中国的科举制度对世界人才管理制度影响深远，如今西方国家所采用的文官制度便是成功借鉴了中国科举制度的典范。

　　新的科举博物馆有地下空间的设计，整座博物馆犹如埋藏在地下的历史宝匣。它以刻满历代状元名录的魁星堂为核（暗示科举学而优则仕之核心），以刻满经史子集文字的石墙为皮（暗示科举的内容），以科举的历史变迁分层（隋、唐、宋、元、明、清……如同科举历史册页），将科举的千年历史收藏其间，等待开启。

　　明清两代，夫子庙周边是南京城最繁华的地方，当时在此举办乡试。仅明清两代，这里就产生了70多位状元、7000多名进士、2万多位举人。江南贡院为中国社会历史的发展提供了大量的优秀人才，从江南贡院走出的名人包括施耐庵、唐伯虎、郑板桥、陈独秀等。

院内所藏"天子门生"匾额为清代文物，因当时殿试常态化，新科进士由皇帝亲试录取

中国现存最早的贡院考场建筑——明远楼

科举制度在历史上存在了约 1300 年。它自隋代创立，于唐代完备，宋代为改革期，至元代中落，明清两代一度鼎盛，在清末 1905 年因僵化、脱离时代终被废除。

科举制不是最早的也不是唯一的人才选拔制度，却是对后世影响最深远的选人用人制度。各朝各代的科举制都是德才皆考的，即除了行政能力的考核以外，还要考察德行。比如唐朝的科举，要考察士人是否具备仁德的思想，是否具备贤良、忠诚、谨慎等官德。

大部分的欧洲国家历史上选拔人才都是从贵族中挑选，虽然也会强调才能和德行这两个方面，但并没有形成像中国科举制这样的一种明显的、稳定的、超越时代的人才选拔制度。十八世纪开始，欧洲出现了一股"中国热"，中国的科举制度正是在这一时期被欧洲知识分子普遍知晓，欧洲的知识精英如法国启蒙思想家伏尔泰等盛赞了这一在中国运行了上千年的选拔制度。此后，英国建立起一套文官考试制度，现已有明确的史料可以证明英国的文官考试制度曾受到科举制的启示和影响。在一定意义上，科举制度可称为中国的"第五大发明"。

相对于世袭、举荐，科举无疑公平、公开、公正得多，在历史上挖掘、培养了大量的人才。但是不可否认，随着时间的推移，科举制到后期逐渐成为读书人的思想桎梏，出现了很多的弊端，最终消亡于历史长河之中。不过，科举制度虽然消亡了，中国传统文化中"任人唯贤"的人才选拔理念却留在了中国人的文化基因中。

二

中国共产党历来高度重视"任人唯贤"，在干部选拔任用中注重坚持好干部标准。党的好干部标准是历史的、具体的。由于时代背景不同，中国共产党所处的历史方位和肩负的历史使命不同，好干部的标准在不断地发展。"任人唯贤"始终有着鲜明的政治属性和时代烙印。

"任人唯贤"的标准和条件，在不同时候是不太一样的。中国共产党从1921年成立，到1949年建立新中国，短短二十多年时间里汇集了无数英才。建党之初，由于党的力量薄弱，党的人才工作以吸纳为主，以工人尤其是有觉悟的工人为争取目标。随着人才需求越来越大，党吸纳人才最重要的途径就是自己办学、自己培养。早在1921年8月，毛泽东等人就创办了湖南自修大学，培养革命干部。

1922年10月，中国共产党参与创办了一所大学——上海大学，传播马克思列宁主义、秘密培养革命干部。李大钊、张太雷、蔡和森、恽代英等人都先后在上海大学任教或者讲学，邓中夏、瞿秋白、陈望道等人曾经担任上海大学的领导、骨干，王稼祥、秦邦宪、杨尚昆、丁玲等人都曾在上海大学学习。1927年四一二反革命政变后，上海大学被封。但是在短短的五年时间里，上海大学为中国共产党培养了一大批革命的骨干。

中国人民抗日军事政治大学，也就是著名的抗大，是抗日战争时期我们党创办的影响力最大、最具代表性的培养人才的学校。抗大的前身是1931年在江西瑞金创办的中央红军学校。1933年，中央红军学校更名为中国工农红军大学（简称"红大"）——这是中国共产党创办的第一所正规的军事院校。1936年，历经长征的红大在陕西瓦窑堡重新开学，校名就更改为中国人民抗日红军大学；后来又迁址延安，改为中国人民抗日军事政治大学。

寻访延安抗大旧址

如今在陕西延安凤凰山麓，还留有当年毛泽东居住期间的办公室和寝室。距凤凰山不远的宝塔山上，留有中国人民抗日军事政治大学（简称"抗大"）旧址。1937 年，抗大迁到延安后，就在这里落址。抗大总校校址在二道街。

凤凰山麓毛泽东故居寝室里的书桌

在办学之初，毛泽东亲自为抗大制定了"坚定正确的政治方向，艰苦朴素的工作作风，灵活机动的战略战术"的教育方针，以及"团结、紧张、活泼、严肃"的校训。1937 年 4 月起，担任抗大教育委员会主席和兼职教师的毛泽东开始在学校讲授哲学课。

抗大以"团结、紧张、活泼、严肃"为校训

当时，抗大学员们自己制作算盘，算珠是他们用山上的山核桃自制的。抗大的课程设置非常丰富，以军事、政治、文化为主。和其他大学不同的是，当年抗大是抗战需要什么，课程就设置什么。

用山核桃自制算盘作为教具

抗大总校共招收 8 期，培养军政干部 2 万多人，连同分校共培养 10 万余名军政人才，为我党我军的发展壮大、夺取抗日战争和解放战争的胜利奠定了非常重要的基础。

抗战时期，我们党急需大量人才，其中跟随党多年的一些红军指战员需要强化能力教育，而奔赴延安的知识青年则需要进行理想信念教育。只有既强调"德"又强调"才"，才能培养出我们党需要的干部。抗大的创立，标志着我们党在艰苦的革命战争年代，开创出一种特殊的、独立自主的人才选拔和培养方式。

马克思主义人才观的核心要义里就有"实践成才"的重要理论，认为应该通过实践培养、检验和评判人才，这与中华文明历来信奉的"任

宝塔山是革命圣地延安的标志和象征，融历史文物和革命遗址为一脉

人唯贤"高度契合。1938 年，毛泽东在党的六届六中全会上提出了"任人唯贤"的干部路线："坚决地执行党的路线，服从党的纪律，和群众有密切的联系，有独立的工作能力，积极肯干，不谋私利。"②这一时期，党对干部队伍建设的重视和培养，为夺取新民主主义革命的胜利，为建立人民当家作主的中华人民共和国，为实现民族独立、人民解放，提供了强有力的干部保证。在这个历史时期，我们党提出的"对党忠诚、英勇善战、不怕牺牲"的好干部标准，就是"任人唯贤"这种理念的一种生动体现。

社会主义革命和建设时期好干部的标准是"讲政治、懂业务、又红又专"。"又红又专"这个词，最早是毛泽东在 1957 年的一次讲话中指出的，原话是"我们各行各业的干部都要努力精通技术和业务，使自己成为内行，又红又专"③。这个词的意思其实就是政治上要过硬，业务上也要过硬，也就是我们今天讲的德才兼备。这跟 1938 年提出的"任人唯贤"的干部路线是一脉相承的。

我国著名的数学家陈景润就是"又红又专"的典型。当时人们难以想象，这样一个瘦弱的书生，是如何克服无法想象的困难，推动了"哥德巴赫猜想"的研究的。1978 年，《中国青年报》发表了一篇题为《为了四化要又红又专——从陈景润谈起》的评论员文章。文章说，陈景润为了发展祖国的科学事业，不畏艰难困苦，顽强坚持攻关，这就是"红"。

这一时期的干部队伍建设，为我们确立社会主义基本制度，为实现中华民族有史以来最广泛最深刻的社会变革，为实现从一穷二白、人口众多的东方大国大步迈向社会主义社会的伟大飞跃，提供了坚强的保证。应该说"讲政治、懂业务、又红又专"的好干部标准就成为这一时期"任人唯贤"理念的一种具体体现。

武汉柴油机厂的首位"洋厂长"

在武汉市档案馆,有一份武汉市人民政府办公室关于聘请西德专家威尔纳·格里希担任武汉柴油机厂厂长的会议纪要。泛黄的档案,见证了武汉柴油机厂引进第一个"洋厂长"的过程,见证了改革开放中国对外"引智"的开端。

武汉柴油机厂原厂长柴玉本介绍,武汉柴油机厂是全国第一台手扶拖拉机的诞生地。因为设备落后,到了80年代,工厂已难以满足当时的生产需要。"1983年,邓小平有一个讲话,是关于引进智力、引进人才的,德国就派了专家咨询组到武柴来,其中有一位专家叫威尔纳·格里希。他到厂以后,经过3个月的调查,发现了100多个问题,市里决定聘这个'洋厂长'为武汉柴油机厂的厂长。"

武汉柴油机厂老照片

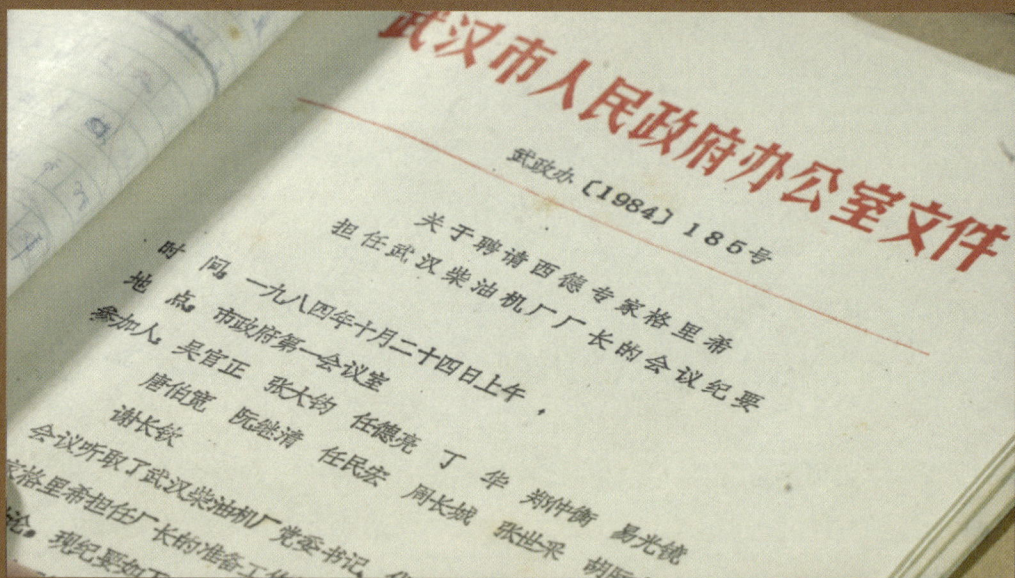

武汉市人民政府办公室文件

武政办〔1984〕185号

关于聘请西德专家格里希
担任武汉柴油机厂厂长的会议纪要

时　间　一九八四年十月二十四日上午

地　点　市政府第一会议室

参加人　吴官正　张大钧　任德流　丁　华　靳仲衡　易光镜
唐伯宽　阮德清　任民宏　周长城　张世乎　胡医□
谢长钦

会议听取了武汉柴油机厂党委书记□□□
□□格里希担任厂长的准备工作□□□现纪要如□□

威尔纳·格里希在武柴开展工作

　　威尔纳·格里希到武汉柴油机厂工作以后，拿出了最有名的3件法宝：游标卡尺、磁铁棒、放大镜。"最大的变化就是武柴的铸造合格率上了一个台阶。他不仅是我们武柴的财富，对全国都有影响。"柴玉本回忆。

　　"对外引智"就是任人唯贤、不问出处。格里希的故事在我国的"引智"工作中，可以说是开了一个先河，是一座里程碑。格里希离世于2003年，但是直到现在很多人都还记得他。2018年，在庆祝改革开放四十周年大会上，为了感谢国际社会对中国改革开放事业的支持和帮助，习近平总书记向十名国际友人颁授了中国改革友谊奖章，威尔纳·格里希就是获奖者之一。

　　改革开放和社会主义现代化建设时期的干部队伍建设，为确立党在社会主义初级阶段的基本路线，为坚定不移推进改革开放，为开创和发展中国特色社会主义提供了重要保障。邓小平把社会主义现代化事业中干部的基本标准概括为"四化"，即"革命化、年轻化、知识化、专业化"。后来，这一标准被写入了中共十二大通过的党章，成为改革开放时期好干部的标准。可以说，"革命化、年轻化、知识化、专业化"这样一个好干部的标准就是这一时期"任人唯贤"理念的生动体现。我们党在不同时代提出不同的新的要求，不变的是"任人唯贤"的人才选拔和任用路线。

三

　　党的十八大以来，以习近平同志为核心的党中央极其重视将马克思主义基本原理同中华优秀传统文化相结合，"任人唯贤"的理念被赋予了新的时代价值与意义。

习近平总书记指出："选什么人就是风向标，就有什么样的干部作风，乃至就有什么样的党风。"④我们要坚持正确的选人用人原则，真正把优秀人才聚集到党和人民的事业中来。新时代好干部标准，总结起来就是二十个字，即"信念坚定、为民服务、勤政务实、敢于担当、清正廉洁"。"信念坚定"是立身之本、"为民服务"是为政之道、"勤政务实"是履职之要、"敢于担当"是成事之基、"清正廉洁"是正气之源。党的二十大报告明确指出："坚持党管干部原则，坚持德才兼备、以德为先、五湖四海、任人唯贤，把新时代好干部标准落到实处。"要清楚地看到"任人唯贤"与党的干部组织工作有密切的联系。

英国政府在20世纪90年代曾经提出了"meritocracy"这个词，意思是选拔有价值的人，不管他的背景如何——这是要改变英国传统的从贵族中选拔人才的情况。这与中国有很大差别，因为"任人唯贤"理念在中国传统中很早就有了，这是中国文化的一个迷人之处。

在很多西方人看来，所有的中国人包括干部都很忙碌、很敬业，特别是中国共产党的干部。中国这么多年的高速发展，与这些人超出常人的努力和付出息息相关。西方人经常讨论一个问题，就是中国的执行力为什么会这么强？比如说近一亿人的脱贫，这么大的事情，如何能说到做到？如今，很多城市干部会主动申请前往一些贫困地区驻点扶贫，一去就是好几年，甚至有人会在那儿牺牲自己的生命。西方人很难理解，但也十分感佩。

党的二十大代表刘秀祥

在贵州省黔西南布依族苗族自治州望谟县实验高中，每周二，已是副校长的刘秀祥都要专为高一的孩子们上班课。

2012年，刘秀祥本科毕业，在看到家乡教育落后的现状后，放弃优厚待遇，回乡当上了一名普通乡村教师。在此之前，他因为背母上大学的事迹为全国所知。从当上乡村教师的第一天起，刘秀祥除了教学外，还有一个重要工作，就是把贫困学生带回校园。为此刘秀祥跑遍了全县乡镇，摩托车都骑坏了好几辆。

2018年，因为助学成绩突出，刘秀祥被任命为望谟县实验高中副校长。当上副校长后，刘秀祥成立工作室，围绕公益讲座、教师培训、学生德育教育、学生资助等工作，吸引校内外教师加入。他展开全国巡回励志演讲，继续牵线企业和爱心人士资助贫困学子。

在刘秀祥等一大批教育工作者的无私奉献和有力推动下，望谟县的教育实现了逆袭。2012年望谟全县只有70人考取本科院校，到了2022年考取本科的人数增加到1302人，从全州垫底提升到全州前三。

刘秀祥帮助困难学生入学

歌曲《山花开的时候》

山花开的时候你来啰，
茶树嫩嫩的刚发芽。
你走进秀美的山水间，
我美丽的黔西南，
带着亲切的笑脸，
你教我坚持，教我勇敢。

让我驰骋在绿茵场上，
孕育人生中第一个梦想。
让我徜徉在知识的海洋，
插上智慧的翅膀放声歌唱。

这首歌表达了对坚守在大山深处默默奉献的广大教育工作者的敬意，相信山里的孩子们的明天会越来越好。

刘秀祥表示，在二十大的党代表通道接受采访时，他也是提出他的梦想就是要在大山深处开辟教育的高地，让山里的孩子能够享受到优质的教育，拥有更好的出路和更多的选择。

刘秀祥的事迹可以说是新时代"任人唯贤"的典型。这就印证了习近平总书记说的："用一贤人则群贤毕至，见贤思齐就蔚然成风。"⑤

新时代以来，以习近平同志为核心的党中央把干部队伍建设放在管党治党、治国理政的突出位置来抓。

围绕建强党的执政骨干队伍，习近平总书记开创性提出新时代党的组织路线，强调坚持德才兼备、以德为先、任人唯贤，着力培养忠

中国智慧中国行

一二四

诚干净担当的高素质干部，实现了新时代选人用人方针原则的守正创新；提出信念坚定、为民服务、勤政务实、敢于担当、清正廉洁的新时代好干部标准，立起了选人用人的时代标尺；提出强化党组织领导和把关作用，坚持不唯票、不唯分、不唯生产总值、不唯年龄，不搞"海推""海选"，纠正了一度存在的选人用人偏向；提出一体推进素质培养、知事识人、选拔任用、从严管理、正向激励"五大体系"建设，指明了干部工作的科学路径；提出抓好后继有人这个根本大计，培养造就中国特色社会主义事业可靠接班人，推动干部队伍形成青蓝相继的生动局面；提出坚持严管和厚爱结合、激励和约束并重，完善从严管理监督干部制度体系，健全干部担当作为的激励和保护机制，提振了干部队伍干事创业的精气神；提出用最坚决的态度、最果断的措施刷新吏治，坚决纠治选人用人上的不正之风和腐败现象，促进了党内政治生态的明显好转。

全面贯彻新时代党的组织路线，为党和国家事业取得历史性成就、发生历史性变革，实现中华民族伟大复兴进入不可逆转的历史进程，提供了坚强的组织干部保证。二十届中央"两委"人选推荐、考察、提名工作，切实发挥党组织领导和把关作用，不搞"海推""海选"，充分发挥谈话调研作用；把政治标准放在首位，严把政治关廉洁关，切实防止"带病提名"；采取了既在屋里谈又到现场看，全方位多角度立体式考察等办法，充分体现了新时代选人用人的鲜明导向。

我们从好干部的这个标准的历史演变可以发现，"任人唯贤""德才兼备"是贯穿其中的一条不变的主线。围绕这条主线，我们党在不同历史时期对好干部提出不同的具体要求，适应了时代发展的需要，彰显了中国共产党与时俱进的品格。

"任人唯贤""选贤与能"的用人标准既是中华传统文化的重要

组成部分，也是中国特色社会主义制度和国家治理体系的重要内容。中国共产党不断赋予"任人唯贤"新的时代价值与意义，使之永远保持活力、经久不衰，形成了鲜明的中国特色。为政之要，莫先于用人，只要把"建设堪当民族复兴重任的高素质干部队伍"这一重大任务落到实处，我们的事业将无往而不胜。

注释：

　　① 习近平：《决胜全面建成小康社会　夺取新时代中国特色社会主义伟大胜利——在中国共产党第十九次全国代表大会上的报告》，《人民日报》2017 年 10 月 28 日。

　　② 毛泽东：《中国共产党在民族战争中的地位》，《毛泽东选集》第 2 卷，人民出版社 1991 年版，第 527 页。

　　③ 毛泽东：《关于农业问题》，《毛泽东文集》第 7 卷，人民出版社 1999 年版，第 309 页。

　　④ 习近平：《在全国组织工作会议上的讲话》，《十八大以来重要文献选编》上，中央文献出版社 2014 年版，第 343 页。

　　⑤ 习近平：《在全国组织工作会议上的讲话》，《十八大以来重要文献选编》上，中央文献出版社 2014 年版，第 342 页。

伍——任人唯贤

扫码可收看本期节目

任官惟贤材，左右惟其人。

——《尚书》

国有贤良之士众，则国家之治厚。

——《墨子》

治世不得真贤，譬犹治疾不得真药也。

——王符《潜夫论》

才者，德之资也；德者，才之帅也。

——司马光《资治通鉴》

天人合一

锦绣中华大地，是中华民族赖以生存和发展的家园，孕育了中华民族5000多年的灿烂文明，造就了中华民族天人合一的崇高追求。现在，生态文明建设已经纳入中国国家发展总体布局，建设美丽中国已经成为中国人民心向往之的奋斗目标。中国生态文明建设进入了快车道，天更蓝、山更绿、水更清将不断展现在世人面前。[①]

——习近平

陆

天人合一

说文解字

　　"天人合一"中的"天"和"人"。"人"这个字，很多人以为一撇一捺表示的是人的两条腿；其实从甲骨文来看，"人"字是个侧面站立的人形，左边是他的手，右边是他的身体。

商	西周	春秋	战国	秦	汉
甲骨文	金文	侯马盟书	楚简	小篆	隶书

"人"字形演变

商	商	商	西周	战国	秦	汉
金文	甲骨文	甲骨文	金文	秦文	小篆	隶书

"天"字形演变

　　"天"这个字，像一个正立的人，突出他圆圆的脑袋。后来脑袋被简化成了一横，渐渐发展成了我们今天写的"天"字。这个字，其实是表示"头顶"的"颠"的本字。从"页"的字，很多都是跟头部有关的，比如"颜面"的"颜"、"头颅"的"颅"、"额头"的"额"等。"颠"表示"头顶"，又引申出"上端""上部"的意思。古人理解的最上端，当然就是"天"了。因此，"天"这个字就由最初表示的"头顶"的意思，引申出了"上天"的意思。后来，"天"就固定地作为"上天"之"天"。至于"头顶"这个义项，又另造出从页从真声的形声字"颠"来表示。

中华文明历来崇尚天人合一、道法自然，追求人与自然和谐共生。人与自然共生共存，伤害自然最终将伤及人类自身。绿水青山就是金山银山。中国将生态文明理念和生态文明建设写入《中华人民共和国宪法》，纳入中国特色社会主义总体布局，寻求永续发展之路。

———

"天人合一"这个词语，最早出现在北宋大儒张载所写的《正蒙》一书中："儒者则因明致诚，因诚致明，故天人合一，致学而可以成圣，得天而未始遗人。"张载在这里所提及的"天人合一"，主要是探讨个人如何通过修为达到一种至高境界。

"天人合一"理念源远流长、内涵丰富。围绕"天人合一"的阐述，最早可以追溯到《周易》。《周易》被称为"群经之首"，距今已有三千多年的历史。《周易》主要论述的是宇宙万物的变化规律，而人要依据这个规律为自己的行为确立准则，正如《周易》中所言："夫大人者，与天地合其德，与日月合其明，与四时合其序。"尽管《周易》中没有直接出现"天人合一"这个词语，但广义上讲，其全篇都在论述天和人的关系，可以说，这正是"天人合一"思

二十四节气歌

立春雨水渐，惊蛰虫不眠，
春分近清明，采茶谷雨前；
立夏小满足，芒种大开镰，
夏至才小暑，大暑三伏天；
立秋处暑去，白露南飞雁，
秋分寒露至，霜降红叶染；
立冬小雪飘，大雪兆丰年，
冬至数九日，小寒又大寒。

二十四节气里蕴藏着人们顺势而为、与万物相和谐的一种中国智慧。中国古人观察自然，总结规律，编出这首朗朗上口的诗歌，指导人们的耕种。

想的源头。

有三句出自先贤的名言，也曾表达过"天人合一"的理念。第一句出自庄子《齐物论》："天地与我并生，而万物与我为一。"意思是大自然造就了天地，也造就了我，我与天地万物共同存在，统一于大自然之中。第二句出自《老子》："人法地，地法天，天法道，道法自然。"意思是人以地为法则，地以天为法则，天以道为法则，道则以自然为法则。第三句出自王阳明《传习录》："圣人有忧之，是以推其天地万物一体之仁以教天下。"意思是圣人、境界高尚的人，应该把宇宙万物视作一个整体，强调人与自然万物是平等的，倡导人们对于天地万物持有仁爱之心。

这三句话分别代表了"天人合一"三个方面的内涵。第一，人与自然是共生的，强调整个世界的有机关联。第二，人类应当按照自然规律活动，对自然心存敬畏，但是要注意，人类不只是被动地顺应自然，还要在尊重自然的基础上掌握规律、应用规律，做到人和自然和谐发展。第三，"天人合一"超越了"人类中心主义"，在领悟到宇宙万物是一个整体、万物平等的基础上，将人与人之间的仁爱之心扩展为人对自然的仁爱、顾惜之心。

在今天的很多西方学者看来，以儒家、道家为代表的中国传统思想认为，人的本性来源于天，与自然的道理是一致的。人一定要努力使自己的行为符合自然的规律。这就是天跟人能够合一的基础。中国哲学一般认为，天跟人是分不开的，是一个和谐整体，所以更强调不同个体在整体中的和谐关系。这是理解"天人合一"的关键，也是理解中国哲学的关键。

西方在这个问题上的观点有所不同。西方提倡观察自然、理解自然、利用自然，认为人是独立于自然，而且某种意义上是高于自然的，人对自然的利用和改造是文明发展、演进的一种动力。中世纪基督教哲学以后的近现代西方哲学一般认为，人与自然有不同的法则，人们需要在自然之上增加自己的意志。所以近现代西方哲学更强调将个体的意识作为道德的基础。

中国古代的"天人合一"一直是将人放在大自然之中，强调的是一种理想状态，就是天与人的和谐统一。在靠天吃饭的农业社会，这个观念被不断强化，塑造了中国人的传统宇宙观，并且影响到经济、政治、文化的方方面面，尤其是对待自然环境方面。在当代社会，这个观念不仅对中国是有好处的，对世界也是有好处的。

在建造时，苏州狮子林的选址和主题都受"天人合一"思想的影响

江苏省大丰麋鹿国家级自然保护区是世界上占地面积最大、野生麋鹿数量最多、拥有最大麋鹿基因库的自然保护区，入选全国首批陆生野生动物重要栖息地

《田律》规定，自二月起，不许到林中砍伐木材，不许过分捕捞鱼鳖，不许在林中设置捕捉鸟兽之陷阱，直至七月禁令解除；违者重罚。

《田律》兼具原则性和灵活性。比如，对于以捕鱼为业的老百姓，《田律》只是规定勿要过度捕捞，并没有禁止老百姓捕鱼。为生存所需之捕捞，依旧可行，只要放走小鱼即可。

《田律》之目的在于"休止"，即让自然休养生息，恢复活力。人累了尚且需要休息，山川草木、鸟兽鱼虫亦是如此。若无休养之策，向其无尽索取，我们终有一日会落到无木可伐、无兽可捕、无鱼可网的境地。

从历史上看，这种"天人合一"理念的形成基于农业文明形成的生态观。1975 年，湖北省云梦县睡虎地出土了一批珍贵的秦代竹简，上面记录了大量的法律制度和行政文书。这些穿越了两千多年的竹简，成为今天人们研究秦代社会的重要依据，其中就包括中国第一部"环保法"——《田律》。在《田律》中，秦代官员宣布的相关禁令包括不准乱砍滥伐、不准过度捕捞等。这表明，两千多年前的中国古人关于顺应自然规律、维持生态平衡的思想已经有了广泛的实践。

古代社会生产力并不发达，古人比今天更加依赖于自然环境，所以气候变化等自然因素对人类社会的影响就更大了。人类某些不恰当的活动还会加剧这种影响，世界各地皆是如此。比如说，古代巴比伦发源于森林茂密、土地肥沃、水量充沛的地区，但因为过度开荒伐木，导致水土流失、耕地减少，最终加速了古巴比伦的消亡。在世界历史上，诸如此类的惨痛教训有不少。生态环境变化直接影响文明兴衰交替，这是古今中外都无法抗拒的客观规律。中国古人意识到了这一点，所以特别强调"天人合一"，强调尊重自然、爱护自然。

人与自然和谐共处

二

在西方率先进入工业文明之后，人们在创造了巨大物质财富的同时，也加速了对自然资源的攫取，造成了人与自然的紧张关系。

在马克思主义经典著作中，如何理解和处理人与自然的关系，是一个不断被思考和关注的重要问题。恩格斯第一次公开发表的作品《伍珀河谷来信》便关注到了环境问题。他在《国民经济学

恩格斯第一次公开发表的作品
——《伍珀河谷来信》

1839 年，19 岁的恩格斯发表了一篇文章《伍珀河谷来信》。这是恩格斯第一次公开发表作品，而关注的恰恰是当时人们很少顾及的环境问题。他写道："这条狭窄的河流泛着红色波浪，时而急速时而缓慢地流过烟雾弥漫的工厂厂房和堆满棉纱的漂白工厂。然而它那鲜红的颜色并不是来自某个流血的战场……而是完全源于许多使用土耳其红颜料的染坊。"[2]年轻的恩格斯目睹家乡美丽的伍珀河因工业化被染成红色、变成毒水，感到非常痛心。

批判大纲》中指出，"我们这个世纪面临的大转变"，就是"人类与自然的和解以及人类本身的和解"。③在《自然辩证法》中，恩格斯进一步阐述了他关于人与自然关系的思考："我们统治自然界，决不象征服者统治异民族一样，决不象站在自然界以外的人一样，——相反地，我们连同我们的肉、血和头脑都是属于自然界，存在于自然界的。"④也就是说，人和自然界具有"一体性"。恩格斯一针见血地指出："我们不要过分陶醉于我们对自然界的胜利。对于每一次这样的胜利，自然界都报复了我们。"⑤

马克思主义揭示了人类社会发展的规律，在这个规律当中也包含了人与自然和谐发展的规律。直到今天，我们仍然要解答"人类与自然和解"的命题。这与中华传统文化中"天人合一"的观念是不谋而合、殊途同归的。

为人民谋幸福的中国共产党，始终重视经济发展与生态环境保护。新中国成立初期，以毛泽东同志为核心的党的第一代中央领导集体，在大力恢复和发展经济的同时，也拉开了气壮山河的大规模生态治理和环境保护的序幕。1955 年，毛泽东向全国人民发出了"绿化祖国"的号召。全国上下一心，开展了规模空前的植树造林活动。有一群人，在河北北部的一片荒漠上，通过 60 多年前赴后继的艰苦奋斗，书写了一段可歌可泣的"绿色传奇"——塞罕坝。

塞罕坝——从荒原变身林海

塞罕坝，位于河北北部，意即"美丽的高岭"。这里一年四季风光各异：春天山花烂漫，夏天绿树成荫，秋天层林尽染，冬天银装素裹。

历史上的塞罕坝水草丰美，树木参天。辽金时期，塞罕坝被称为"千里松林"。康熙二十年（1681），此地设立木兰围场。清朝画家兴隆阿所绘的《木兰秋狝图》，生动展现了塞罕坝的景象。清末，由于国库空虚，木兰围场进行开圩放垦，森林植被遭到破坏。

新中国成立前夕，塞罕坝已是茫茫荒原。20世纪60年代初，中国政府决定在塞罕坝建立大型国有林场，以阻断沙源和恢复植被。于是一支来自全国各地的369人的队伍来到塞罕坝，开启了拓荒之路。

"渴饮沟河水，饥食黑莜面。白天忙作业，夜宿草窝间。"诗中所描绘的，正是拓荒者们的工作、生活环境。然而，开拓者们"一日三餐有味无味无所谓，爬冰卧雪冷乎冻乎不在乎"。在自我鼓舞和"乐在其中"精神的支撑下，三代塞罕坝人耗费了60多年的时间，修复了"美丽的高岭"，绿水青山更胜从前。

在塞罕坝建立大型国有林场之前，这里的森林覆盖率是11.4%。如今，林场总面积达140万亩，有林地面积达115万亩，森林覆盖率达82%。

塞罕坝机械林场大唤起分场资源股股长邹建明，是家族中修建林场的"林三代"。他说："我的爷爷辈、我的父亲，一辈子都'钉'在了塞罕坝。我也是生在坝上、长在林子里。他们的接力棒到了我们手上，我们要让这片林海发挥更大的生态效益。"

三代人，60多年，塞罕坝从一片荒原变身浩瀚林海，焕发新生。塞罕坝成为中国"生态文明建设范例"，林场建设者更被授予2017年联合国环保最高荣誉——"地球卫士奖"。这60多年来，塞罕坝人创造、守护的不仅仅是一片林场，更是人与自然和谐共处的美丽画卷。

塞罕坝机械林场风光

一株株幼苗汇聚成林，不是三年五载就能完成的，需要几代人接续奋斗，需要科学有效的机制保障。习近平总书记指出，"塞罕坝林场建设史是一部可歌可泣的艰苦奋斗史"，"创造了世界生态文明建设史上的典型"。⑥这个延续 60 多年的奇迹背后，是我们党对生态环境的持续关注。正因如此，才出现了越来越多像塞罕坝一样的绿色奇迹，让古老的中国更加生机盎然。

"天人合一"理念既不是"人进天退"，也不是"天进人退"，而是要在尊重自然规律的前提下，充分发挥我们人的主观能动性，依照自然的本性和客观规律去利用它，使人和自然和谐共处、和谐发展。被誉为"人工天河"的红旗渠、迄今世界上最大的水利工程三峡大坝等成功案例有力地说明，只要在科学、合理的尺度之内，人类改造自然不仅不会伤害自然，还能实现对自然最好的保护、实现人与自然的和谐共处。

只有顺应自然规律改造自然，才能够得到一个和谐共处的最好状态。1978 年，党的十一届三中全会开启了改革开放和社会主义现代化的伟大征程。中国改革开放取得了世人瞩目的成果。但是，工业化带来的环境压力也不容忽视。

改革开放以来，中国用短短几十年的时间，创造了西方发达国家几百年的工业化业绩。但是这一时期，中国并没有忽视环境保护，而是相继出台了多项政策法规。1978 年 3 月，修订《中华人民共和国宪法》，增加了"国家保护环境和自然资源，防治污染和其他公害"的相关条款，这是新中国历史上第一次在宪法中对环境保护作出明确的规定。1983 年，将环境保护列为基本国策，制定了"经济建设、城乡建设和环境建设要同步规划、同步实施、同步发展，做到经济效益、社会效益、环境效益相统一"的指导方针，明确了"预防为主、防治结合""谁污染、谁治理"和"强化环境管理"的环境保护三大政策。1996 年，把实施

在西方工业化发展进程中，经济发展和环境污染似乎总是相伴相生的。英国伦敦曾经因为烟雾污染，被称为"雾都"。美国洛杉矶，曾经因为汽车尾气的大量排放，出现含有毒素的烟雾。日本水俣市，曾经因为有毒污水排放，造成居民水银中毒。这些都是发展过程中忽视了环境问题带来的严重后果，值得警醒。在西方，很多学者认为，"先污染后治理"是一条没有办法逃脱的铁律。

可持续发展作为现代化建设的一项重大战略。2007年，党的十七大第一次提出"建设生态文明"的重要命题，明确了建设生态文明的原则、理念和目标。这表明，关于发展和环境问题，我国从未停止实践和理论探索的脚步。

三

2005年8月15日，时任浙江省委书记的习近平在浙江安吉余村考察的时候，首次提出了"绿水青山就是金山银山"的理念，让这个名不见经传的小山村有了美丽蝶变。"绿水青山就是金山银山"这一科学论断成为引领中国迈向绿色发展道路的理论基础，成为习近平生态

今日的安吉县余村

文明思想的重要组成部分，在全国开花结果。生态环境保护和经济发展不是对立存在的矛盾关系，而是辩证统一的共生关系；联系两者的纽带，就是绿色发展。

安吉县余村的绿色发展之路

送走一批客人，又迎来新的客人，浙江安吉春林酒店有限公司总经理潘春林整日忙忙碌碌。在安吉县余村，山笋、茶叶是最走俏的尝鲜餐品和伴手礼。

在20多年前，安吉县余村还不是全国"网红"旅游点，主要靠开采矿山、开水泥厂支撑当地发展。潘春林也还没有开民宿，

没有当老板，而是在矿山上开拖拉机，靠装卸矿石营生。

站在当地曾经最大的石灰石开采区域，安吉县余村党支部副书记俞小平回忆，20世纪七八十年代，余村开始开山采矿，烧石灰、做水泥。开山采矿固然带来了不少收入，但对生态环境造成了巨大破坏。

2001年，安吉县提出"生态立县"，矿山、水泥厂相继关停。"矿山关了以后，我们干什么去？村集体的收入来源在哪里？余村的出路在哪里？"听到很多老百姓抱怨，俞小平也感到非常迷茫。

转折点出现在2005年8月15日，时任浙江省委书记的习近平到余村调研。俞小平说："听到我们要关停矿山，书记给予了高度肯定，他脱口而出'绿水青山就是金山银山'。"这一席话犹如指路明灯，余村开始转变发展方式。

矿山变成了旅游景点，村民开起了民宿、咖啡吧、农家乐，有的还办起了水上漂流项目。潘春林响应村里号召，开始搞农家乐。"刚开始，用餐的游客一年也就几千人，如今，我们一年接待的游客达到五六万人。"

旅游配套产业雨后春笋般发展起来之后，村民们也富了起来。2022年，余村集体收入达1305万元，村民年人均收入突破64000元。从卖石头，到卖餐饮住宿、旅游体验项目，余村真正蝶变成了村强、民富、景美、人和的社会主义新农村。

党的十八大以来，以习近平同志为核心的党中央把握时代大势，提出并深入贯彻创新、协调、绿色、开放、共享的新发展理念。在这一理念的指引下，我国发展的"含绿量"越来越高。钢铁行业技术升级，实施超低排放改造；长江沿线化工企业"关改搬转"；我国建成世界最大清洁发电体系；新能源汽车等绿色环保战略性新兴行业走上"风口"……2012 至 2021 年，中国以年均 3% 的能源消费增速支撑了平均 6.6% 的经济增长，这个数字有力展现了中国绿色发展的积极成效。

实现绿色发展，既要有对"天人合一"的追求，又要有制度力量的护航。党的十八大以来，我国制定 40 多项涉及生态文明建设的改革方案，构筑起生态文明制度的"四梁八柱"；中央生态环境保护督察制度作为我国环境监管模式的重大改革，让最严格的环保法"长出牙齿"；河长制、湖长制、生态补偿机制、环保税等体制机制创新日益完善。

环境保护问题既是科学问题，也是跟文化、思想有关的问题。"天人合一"代表人和自然之间的一种理想的平衡状态。这种理想对于今天的世界来说，十分珍贵。

昆山的民间河长

"你看，这是我管理的小河。我每周过来巡河至少一次，检查水里有没有垃圾，河岸有没有杂物，有没有违法排污的现象。"在中国工作生活 15 年的法国人何诺如今定居苏州，他还有个特别的身份——昆山民间河长。

2019 年，江苏发动招聘民间河长。想到保护地球人人有责，没有国界，何诺当即报名。"中国很大，居然每一条河都有河长。不管大河小河，只要河水有问题，都可以找到对应的人去解决问题。"何诺觉得，这件事光是听上去就很酷。

四年来，作为民间河长，何诺坚持履行自己的巡河责任。如果发现有垃圾，情况简单的，他就自己动手清理；如果遇上自己解决不了的问题，他就把文图上传到工作群，很快就会有人来解决。

　　"这里有个桥，以前很多人会随手扔垃圾到这里，很脏的。现在很少见到了，水干净多了。"对比往昔，何诺很是欣慰。

　　在何诺看来，河流变得更加清澈，不是某一个河长产生了多大的作用、有多大的功劳，而是所有人的环保意识都增强了，并实实在在投身到保护环境的行动中来。

　　党的十八大以来，我国持续深入打好蓝天、碧水、净土保卫战，污染防治攻坚向纵深推进，接续实施了大气污染防治行动计划、打赢蓝天保卫战三年行动计划，集中力量攻克群众身边的突出生态环境问题，生态环境质量改善成效显著，人民群众生态环境获得感、幸福感、安全感都在不断地提升。

蓝天，碧水，净土

良好生态环境是最普惠的民生福祉。2013 至 2020 年，我国空气质量改善的幅度，相当于美国《清洁空气法案》启动实施以来 30 多年的改善幅度。2013 至 2022 年，全国地表水优良水质断面比例提高了 23.8 个百分点，达到了 87.9%。

对于普通人来说，最明显的变化是身边的环境越来越好。之前，我们身边的很多人还没有环保意识。如今，在城市，有很多新建的公园和绿地；在村庄和小镇，原本的垃圾问题、污水问题都得到了治理，人民日益增长的优美生态环境需要不断得到满足。

"河狸公主"初雯雯

开设"河狸食堂"，种 62 万棵灌木柳作为河狸栖息地……阿勒泰地区自然保护协会的负责人初雯雯及其团队为保护河狸大家族费尽心思。初雯雯也因此被网友亲切地称为"河狸公主"。

生活在新疆阿勒泰地区乌伦古河流域的河狸

蒙新河狸是国家一级重点保护动物，在中国境内，仅分布于新疆阿勒泰地区的乌伦古河流域。河狸非常聪明，它们会修建水坝、营造小生态，让野生动物在它营造的栖息地里更好地生活。

2018年，初雯雯成立阿勒泰地区自然保护协会，发起了系列保护河狸的公益活动。当时经过他们调查，蒙新河狸共有162个家族、约500只个体。五年来，自然保护协会通过开设"河狸食堂"，联动当地牧民、护林员种下62万棵灌木柳，使蒙新河狸最新种群数量上升到了199个家族、600多只个体。

"公益项目受到当地政府的大力支持，以及全国网友的支持和捐赠。在中国，生态文明建设、绿色环保的理念越来越深入人心，全民都开始参与到保护大自然、保护野生动物的行动中来。"初雯雯说。

《巴黎协定》与中国承诺

2015年12月，《联合国气候变化框架公约》第二十一次缔约方会议通过《巴黎协定》，开启了全球合作应对气候变化新阶段。然而，全球对《巴黎协定》的履约立场并不一致，美国甚至一度退出了《巴黎协定》，全球环境治理面临严重挑战。

2020年9月22日，习近平主席在第七十五届联合国大会一般性辩论上发表重要讲话，提出中国将提高国家自主贡献力度，采取更加有力的政策和措施，二氧化碳排放力争于2030年前达到峰值，努力争取2060年前实现碳中和。

实实在在的中国贡献，掷地有声的中国承诺，无疑增强了国际社会共同应对环境问题的信心。联合国秘书长古特雷斯认为："中国是《巴黎协定》得以达成的重要一环，作出了极为重要的贡献。"

2021年10月12日，习近平主席在《生物多样性公约》第十五次缔约方大会领导人峰会上发表了题为《共同构建地球生命共同体》的主旨讲话。共建地球生命共同体，中国有可供借鉴的治理智慧。比如，加快推进生态文明顶层设计和制度体系建设，打赢污染防治攻坚战，守护好绿水青山，等等。中国有不断落地的务实举措。比如，长江十年禁渔、建立国家公园、划定生态保护红线等保护生物多样性、坚持

飞鸟相与还

人与自然和谐共处的有力行动；借助"一带一路""南南合作"等多边合作机制，为发展中国家保护生物多样性提供支持等。其中展现出的"天人合一""万物和谐"的理念，不仅体现了对生物多样性的观照，更传递出对人类社会未来走向的深邃思考。

党的十八大以来，以习近平同志为核心的党中央将生态文明建设纳入中国特色社会主义事业"五位一体"总体布局，把"美丽中国"作为生态文明建设的宏伟目标，引领亿万中国人民走上生态文明之路。党的二十大报告将"人与自然和谐共生"确立为中国式现代化的基本特征之一。习近平总书记强调："必须牢固树立和践行绿水青山就是金山银山的理念，站在人与自然和谐共生的高度谋划发展。"⑦这既体现了中国"天人合一"的古老智慧，也更符合全人类的共同利益。

温室气体排放、臭氧层破坏、化学污染等生态环境问题日益严重，这是全球面对的共同生态威胁，世界各国都有责任和义务共同应对。中国的碳排放承诺，意味着中国将完成全球最高碳排放强度降幅，用全球历史上最短的时间实现从碳达峰到碳中和，充分体现了负责任大国的担当。

绿色低碳转型对于西方发达国家来说，是相对单纯的议题，但发展中国家需要更周全地考量。中国作为全球最大的发展中国家，经济仍有相当大的增长潜力。民众对美好生活的向往，更要求中国在减碳的同时，继续实现经济的合理增长。中国将生态文明建设和经济社会发展协调起来，这种做法和经验将给全球带来借鉴和启迪。

中华文明历来崇尚天人合一、道法自然，追求人与自然和谐共生。面向未来，我们要像保护眼睛一样保护自然和生态环境，坚持绿水青山就是金山银山的理念，坚持山水林田湖草沙一体化保护和系统治理，坚定不移走生产发展、生活富裕、生态良好的文明发展道路，实现中华民族永续发展。

注释：

① 习近平：《共谋绿色生活，共建美丽家园——在二〇一九年中国北京世界园艺博览会开幕式上的讲话》，《人民日报》2019年4月29日。

② ［德］恩格斯：《伍珀河谷来信》，《马克思恩格斯全集》第2卷，人民出版社2005年版，第39页。

③ ［德］恩格斯：《国民经济学批判大纲》，《马克思恩格斯文集》第1卷，人民出版社2009年版，第63页。

④ ［德］恩格斯：《自然辩证法》，《马克思恩格斯全集》第20卷，人民出版社1971年版，第519页。

⑤ ［德］恩格斯：《自然辩证法》，《马克思恩格斯全集》第20卷，人民出版社1971年版，第519页。

⑥《习近平在河北承德考察时强调：贯彻新发展理念弘扬塞罕坝精神努力完成全年经济社会发展主要目标任务》，《人民日报》2021年8月26日。

⑦ 习近平：《高举中国特色社会主义伟大旗帜　为全面建设社会主义现代化国家而团结奋斗——在中国共产党第二十次全国代表大会上的报告》，《人民日报》2022年10月26日。

陆——天人合一

扫码可收看本期节目

夫大人者，与天地合其德，与日月合其明，与四时合其序。

——《周易》

人法地，地法天，天法道，道法自然。

——《老子》

天地与我并生，而万物与我为一。

——《庄子》

儒者则因明致诚，因诚致明，故天人合一，致学而可以成圣，得天而未始遗人。

——张载《正蒙》

圣人有忧之，是以推其天地万物一体之仁以教天下。

——王阳明《传习录》

自強不息

"天行健，君子以自强不息。"一个民族之所以伟大，根本就在于在任何困难和风险面前都从来不放弃、不退缩、不止步，百折不挠为自己的前途命运而奋斗。从 5000 多年文明发展的苦难辉煌中走来的中国人民和中华民族，必将在新时代的伟大征程上一路向前，任何人任何势力都不能阻挡中国人民实现更加美好生活的前进步伐！①

——习近平

柒

自
强
不
息

说文解字

　　"自强不息"中的"息"意思是"停息"，是"息"这个字的假借义，与它的本义"喘息"没有直接关系。

　　《说文解字》中说："息，喘也。"它上半部分是"自"，古文字中的"自"是鼻子的样子；下半部分是"心"，"心"也是象形字，古文字中的"心"就是心脏的样子。

甲骨文"自"　　　　　　　甲骨文"心"

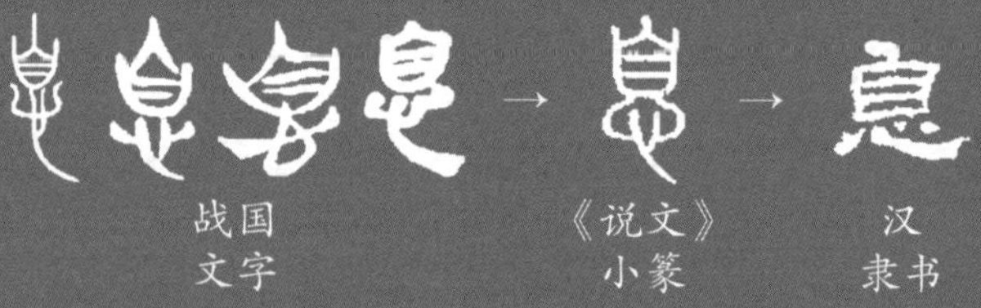

战国　　　　　　《说文》　　　汉
文字　　　　　　小篆　　　　隶书

"息"字形演变

　　清代文字学家段玉裁在《说文解字注》中说："自者鼻也。心气必从鼻出，故从心、自。"按照段玉裁的解释，"息"本是个会意字，表示心胸中的气从鼻子中出来，表示"喘息""气息"的意思。

在漫长的历史进程中，中华民族以自强不息的决心和意志，筚路蓝缕，跋山涉水，走过了不同于世界其他文明体的发展历程。一百多年来，党既为中国人民谋幸福、为中华民族谋复兴，也为人类谋进步、为世界谋大同，以自强不息的奋斗深刻改变了世界发展的趋势和格局。

———

　　"自强不息"这个词出自《周易·乾卦·象传》："天行健，君子以自强不息。"《周易》包括《经》和《传》两部分，其中《易经》的萌芽期可能早在殷商之际，阐述的是人与自然、人与社会的辩证关系；它把这些关系归纳成六十四卦，其中第一卦就叫"乾"。几百年后，后人对乾卦的卦辞进行解读时，第一次出现了"天行健，君子以自强不息"的说法，相传是孔子所作。这是"自强不息"这个词的由来。

　　早在十七八世纪，《周易》在西方已被翻译成多种语言。在俄罗斯，就连普通人都知道《周易》。他们惊叹于在三千多年前，中国人就尝试着去理解万物生成和重生的规则，并且从这个过程、这个理念中汲取灵感和创造力，不断更新和完善自我。

　　《周易》有一个基本概念叫"卦"，它是用爻来表达的。那么爻呢，分为阳爻和阴爻。乾卦的卦象是三根阳爻。阳爻代表什么？非常直观，就是阳刚，就是光明，就是奋斗。所以说《周易》将天道运行化生万物的过程，概括为"健"，这个"健"就是强劲刚健。"天行健"说的就是天之运行，四时交替，昼夜更迭，岁岁年年不会停止。那么"自强不息"是用天道来比喻人道，认为君子也应该效法天道的刚健品格，发奋拼搏，积极进取，永不懈怠。

"天行健，君子以自强不息"里的"不息"是生命不止的意思。天之所以刚健，就在于自然日夜不息地运行。正如苏轼所说的："夫天，岂以刚故能健哉？以不息故健也。"由此可见，效法天的刚健，关键在于"不息"。只有这样才能真正把天然生命的刚健精神安顿于君子或志士仁人的身心之中，成就一番事业。

"自强不息"这个词，"自"指自己，指生命的本然、本性；"强"指的是强大。但是"自强"这个"强"，是作为生命本性的自强，强调的是自己作为主体让自己不断强大。

对于个体而言，"自强不息"指的就是追求强大的主观意愿和行为；对于国家来讲，由弱到强，由强到更强，就需要我们全民族有追求强大的主观意志和行为。个人自强也好，国家自强也好，都要有坚定的信念、持之以恒的努力、坚忍不拔的精神，要做好自己的事情。

人们所熟知的洪水神话故事，尽管在不同的国家里都存在着，但它们之间有一个有趣的区别。在西方不同起源的各种宗教里，人们遇到大洪水时，会建造避难的方舟并躲在里面，把希望寄托于上帝的怜悯。但在中国则完全不是这样，在中国，人民更倾向于用自己的力量和劳动去克服这些自然灾害带来的困难。比如，中国古代的大禹，三过家门而不入，最终找到了战胜天灾的方法。

古人所追求的"自强"是独立不倚、坚忍不拔的意志和品德，强调的是与客观条件互相塑造的强大，包括个人的人格力量和能力的强大。

> **域外声音**
>
> 在中国的神话里有三个故事，给我留下比较深刻的印象。第一个是女娲补天的故事，天破了，自己去补；第二个叫后羿射日，在天上出现了十个太阳，人们苦不堪言的时候，后羿拉开了弓，射掉了九个太阳，很不可思议啊。最后一个是愚公移山，让我感受到了中国人坚定的力量。
>
> ——李党（刚果共和国） 南京大学

孔子曾经说过："君子和而不流，强哉矫！中立而不倚，强哉矫！"说明什么呢？说明真正的强者不会随波逐流，而是强调个体思想立场的坚定与强大。

中国武术之所以在世界范围内得到那么多人的喜爱，恰恰是因为中国武术强调强身健体和精神上的自我完善。老子有一句名言："胜人者有力，自胜者强。"这告诉我们，个人力量的真谛在于战胜自己，超越自我。"自强不息"是我们中国人的一种哲思和追求，作为中华文化的精髓，深深扎根于中国人的血液，成为国家和民族的精神特质，成为中华优秀传统文化的重要组成部分。

习近平总书记指出："中华文明的统一性，从根本上决定了中华民族各民族文化融为一体、即使遭遇重大挫折也牢固凝聚，决定了国土不可分、国家不可乱、民族不可散、文明不可断的共同信念，决定了国家统一永远是中国核心利益的核心，决定了一个坚强统一的国家是各族人民的命运所系。"②

5000多年来，中华民族之所以能始终保持着旺盛的生命力，生生不息、薪火相传，同中华文明的统一性密不可分，同我们千百年来锤炼出来的自强不息的民族品格密不可分。

歌曲《自强不息》

混沌未分天地乱，盘古开天破鸿蒙
锤炼五石历艰辛，女娲补天传古今
十日并出祸人间，后羿射日威名远
挽弓搭箭心自强，决心立志气昂扬
精卫填海志气高，坚持不懈不畏劳
衔石填海身不惧，壮志心坚意犹骄
忍着痛，迎着风，也要一路追向东
哪怕汗血流尽，夸父追日也不改初衷
洪水滔天虐人心，大禹治水九州平
三过家门而不入，勤勉为民丰碑铸
愚公移山开远道，力拔山兮气盖世
劳力未绝心未懈，意志常存后人鉴
东方巨龙在天上飞
地上人紧跟随
飞过那千山和万水
领略华夏之美
辉煌丰碑立山之巅
吾辈青山下续诗篇
自强不息志在心间
只为那宏图愿
只为那宏图愿

一六三

二

　　"自强不息"是支撑中华民族奋力前行的一种精神力量。这种精神力量在民族危亡的时候会表现得尤其强烈。

　　1840年鸦片战争以后，中华民族遭受了前所未有的劫难。为了挽救民族危亡，中国人民奋起反抗，仁人志士奔走呐喊。太平天国运动、戊戌变法、义和团运动、辛亥革命接连而起，各种救国方案轮番出台，但都以失败告终。马克思列宁主义给正在苦苦探求救国救民道路的中国先进分子指明了方向，中国共产党应运而生。

　　中国共产党自诞生之日起，就始终坚定共产主义事业必胜的信念，将马克思主义的斗争品格与中华民族的奋斗精神荟萃交融，将为中国人民谋幸福、为中华民族谋复兴确立为自己的初心使命。

革命先驱李大钊

就义前的李大钊

　　1927年4月28日，革命先驱李大钊英勇就义。当时在处死李大钊时实施了所谓的"三绞"，就是不是一次把他绞死，而是吊起来之后再放下再拉起来。这是为了最大限度地延长和增加受害人的身体和心理的痛苦，是一种非常残酷的方式。李大钊在绞刑架下，发表了他最后的演说："不能因为反动派今天绞死了我，就绞死了伟大的共产主义，共产主义在中国必然得到光辉的胜利。"③李大钊相信，未来之中国，必是赤旗之世界。

　　22年后，1949年10月1日，李大钊的预言成真，北京天安门广场风展红旗如画。

中国共产党从小到大，从弱到强，从苦难走向辉煌，表现出了中华民族自强不息的拼搏精神和愈战愈勇的顽强生命力。无论什么样的艰难险阻，都无法摧毁共产党人心中那份坚定的信念。在这段艰难困苦的历程当中，长征无疑是一次惊天动地的革命壮举。

<h2 align="center">红军不怕远征难</h2>

美国记者埃德加·斯诺的《红星照耀中国》，描述了20世纪30年代的一次壮举——长征。关于中国红军长征有一组数字：368天的长征路，有235天是白天行军，18天是夜间行军；5000英里的长征路，平均114英里才能休息一次。翻过18座山脉，渡过24条河流，经过12个省份，占领过62座大小城市，突破10个地方军阀军队的包围。

书中写道："艰难困苦、英勇牺牲、忠心耿耿，这些千千万万青年人的经久不衰的热情、始终如一的希望、令人惊诧的革命乐观情绪，像一把烈焰，贯穿着这一切。"④

斯诺用毋庸置疑的事实宣告：红星不仅照耀着中国的西北，而且必将照耀全中国。

红军战士在装备极其简陋和不时面临缺吃、缺衣、缺氧、缺火等各种极端条件的情况下，一次次突破人类的生存极限，征服空气稀薄的冰山雪岭，穿越荒无人烟的沼泽草地，顽强地走向胜利。

长征这条红飘带，是无数红军的鲜血染成的。艰难可以摧残人的肉体，死亡可以夺走人的生命，但没有任何力量能够动摇中国共产党人的理想信念。

长征的胜利震撼了全世界。在俄罗斯，这一事件被称为"伟大的征途"，反映了俄罗斯人民对中华民族不屈不挠克服困难精神的由衷赞叹。

我们小时候经常会吟唱"红军不怕远征难，万水千山只等闲"。习近平总书记曾经说过："长征的胜利，是中国共产党人理想的胜利，是中国共产党人信念的胜利。""长征的胜利，靠的是红军将士压倒一切敌人而不被任何敌人所压倒、征服一切困难而不被任何困难所征服的英雄气概和革命精神。"⑤

在中国革命历程中，长征这样的壮举其实并不是唯一的。无数党的好儿女，以他们无畏的革命精神，为中国革命写下了光辉灿烂的一页。正如毛泽东在党的七大报告中指出的："中国共产党和中国人民并没有被吓倒，被征服，被杀绝。他们从地下爬起来，揩干净身上的血迹，掩埋好同伴的尸首，他们又继续战斗了。"⑥

在这个历史时期，中国人自强不息的民族精神体现为浴血奋战、百折不挠的精神特质，形成了以伟大建党精神为源头的中国共产党人精神谱系，包括井冈山精神、长征精神、延安精神、西柏坡精神等，推动中国革命事业胜利发展，成为强大的精神力量。

在这些精神力量的引领下，中国共产党人带领着中国人民迎来了我们的新中国。面对一穷二白、百废待兴的局面，如何建设新中国，成为摆在中国共产党人面前的全新课题。

长江上建起中国人的"争气桥"

南京长江大桥，全国闻名的标志性建筑。长江南京段，江面平均宽度超过 1500 米，水深最深处超过 70 米。曾有外国专家断言，在长江南京段上建一座桥是不可能完成的事。然而，20 世纪 60 年代，中国在缺少技术、人才、资金、材料的情况下，在长江上建成了这座属于中国人自己的"争气桥"。

当年参与南京长江大桥建设的铆工魏则玉回忆，铆合作业是以小组为单位的，当时作业的地方被称为上节点。一个钉子从烧钉到铆合，要求在三四十秒内完成。"在困难面前，没有一个人埋怨、后退、叫苦、叫累。只要铆钉枪一响，大家都全力以赴。"

2016 年，南京长江大桥封闭修缮。当时，大桥上约有 155 万颗铆钉，每 1000 颗铆钉当中，大约只有 4 颗需要维修，维修率出奇地低。"我们的铆钉能达到这个质量，我感到非常骄傲和自豪。"

这座桥不仅是长江上第一座由中国人自行设计和建造的公路、铁路两用桥梁，而且在当时是世界上最长的公路、铁路两用桥，被收入了吉尼斯世界纪录。这座"争气桥"是中国人通过自力更生、

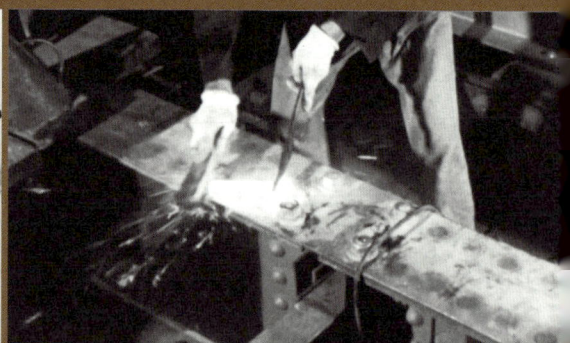

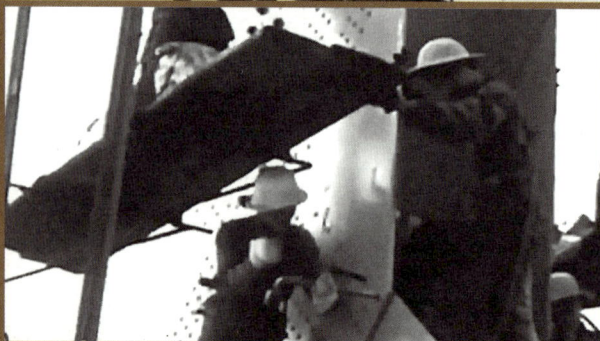

南京长江大桥铆合工作影像资料

艰苦奋斗，耗时 8 年最终建成的。"争气"就是争中国人的志气、骨气，体现的就是中国人自强不息、不服输的精神。这座"争气桥"的诞生极大地鼓舞了亿万同胞建设祖国的热情。

自强不息首先就是"自"，得发自内心，得自己强大。当时的新中国正面临非常困难的境况，我们不能靠外援，只能靠自己。

在那个激情燃烧的年代，我们确立了社会主义制度，极大地提高了人民群众的积极性、创造性，促进了生产力的发展。我国建立起独立的比较完整的工业体系和国民经济体系，各项事业都取得了很大的发展。1959 年，在隆重庆祝中华人民共和国成立十周年的庆典上，中国自己生产的飞机、汽车、坦克轰鸣着从天安门经过。在这一时期，中国人自强不息的民族精神主要体现为自力更生、发愤图强的精神特质。

到了改革开放和社会主义现代化建设新时期，中国共产党带领中国人民以锐意进取的姿态，不断奋进，中国人的梦想逐一实现，其中就包括我们的"奥运梦"。"奥运梦"是一代代中国人为之拼搏奋斗的梦。

河南林县的红旗渠

红旗渠全长 1500 公里、参与修建人数近 10 万、耗时近 10 年，被誉为"新中国奇迹"。"自力更生、艰苦创业、团结协作、无私奉献"的红旗渠精神，一直激励着我们。

为祖国献石油的铁人王进喜

他的那句"宁肯少活 20 年，拼命也要拿下大油田！"的铿锵誓言，穿越时空一直回荡在我们耳畔。

"两弹一星"

面对困难的经济环境与严峻的国际形势，在一穷二白的情况下，我们勒紧裤腰带研制"两弹一星"，使中国成为世界上第五个能够独立自主研制原子弹、氢弹，研制并发射人造地球卫星的国家，向世界宣告了中华民族自强自立、自力更生、艰苦奋斗的坚强意志，用实际行动诠释了"自强"的深层意义。

百年奥运梦

2001 年，北京申奥成功。中国人的百年奥运梦即将迎来圆梦时刻。这一年，距第一届现代奥运会举办已经过去了 105 年。

1896 年，第一届现代奥运会在希腊雅典举行。当时的中国，刚刚经历甲午战争的惨败，内忧外患，既不了解奥运是什么，也根本无力参加。

中国人什么时候才能参加一次奥运会？时间来到 1932 年。整整 36 年过去，第十届奥运会在美国洛杉矶举行。中国运动员刘长春在海上航行整整 21 天，一路上晕船、呕吐，身心俱疲，最终孤身来到洛杉矶。一个人就代表了中国的他咬着牙参加了比赛，但铩羽而归。

中国奥运第一人——刘长春

直到 1984 年，中国人才拿到了第一枚奥运金牌。巧合的是，这一年奥运会的举办城市还是洛杉矶。射击运动员许海峰获得男子手枪慢射金牌，实现了中国在奥运金牌上的"零的突破"。在这届奥运会上，中国代表团最终获得 15 金 8 银 9 铜，金牌数列第四位。

2008 年，北京奥运会成功举办，中国人的百年奥运梦想终于成真。

从无力参赛，到单枪匹马，再到拿到第一块奥运金牌、第一次举办奥运会——所有奥运路上的坎坷荆棘，此刻都变成了逐梦奥运过程中的自我砥砺。

时任国际奥林匹克委员会主席雅克·罗格，在北京奥运会闭幕式致辞中盛赞北京奥运会是一届真正的无与伦比的奥运会

　　2022 年，北京冬奥会成功举办，北京成为奥运史上第一个"双奥之城"。当冰雪盛会书写出精彩的中国答卷，每一片飞舞的雪花，都在刻画梦想的形状。

　　如今，奥林匹克不只是一场运动会，还是展示国家形象的舞台和检验综合国力的平台。从最早根本就无力参加奥运会，到只有一个人参加奥运会，再到今天能够举办奥运会，体现的是我国综合国力的不断提升。我们通过思想解放和体制机制改革，进一步解放了生产力、激发了市场活力，实现了从高度集中的计划经济体制到充满活力的社会主义市场经济体制、从封闭半封闭到全方位开放的历史性转变，实现了从生产力相对落后的状态到经济总量跃居世界第二的历史性突破，实现了人民生活从温饱不足到总体小康再到奔向全面小康的历史性跨越。2006 年，中国成为全球第一大外汇储备国；2010 年，中国成为全球第二大经济体、全球最大的工业国。可以说，在这个历史时期，中国人自强不息的民族精神体现为解放思想、锐意进取的精神特质。

三

　　2012 年 11 月 29 日，习近平总书记在参观国家博物馆《复兴之路》展览时，首次提出并阐述了"实现中华民族伟大复兴，就是中华民族近代以来最伟大的梦想"，产生了极大的感召力和凝聚力。习近平总书记指出，这个梦想，凝聚了几代中国人的夙愿，体现了中华民族和中国人民的整体利益，是每一个中华儿女的共同期盼。⑦

　　习近平总书记还为实现中华民族伟大复兴中国梦擘画了路线图。全面建成社会主义现代化强国，总的战略安排是分两步走：到 2035 年首先基本实现社会主义现代化；再过 15 年左右到本世纪中叶，把我国建成富强民主文明和谐美丽的社会主义现代化强国。⑧

党的十八大以来，以习近平同志为核心的党中央不断推动全面深化改革向广度和深度进军，产业结构不断优化，转型升级成效显著，党和国家事业焕发出新的生机活力。

徐工集团：不断刷新"全球第一吊"世界纪录

在徐工集团，一台 2600 吨起重机引人注目。它是该公司自主研制的全球最大吨位的轮式起重机，也是 2022 年新晋的"全球第一吊"。从 1200 吨、1600 吨，到 2000 吨、2600 吨，徐工为什么能够不断刷新"全球第一吊"世界纪录？

"徐工之所以能够不断刷新超级起重机的纪录，很大一部分原因是始终坚持自主创新，不断突破核心技术。"徐工全地面起重机研究所所长李波介绍。

未来，徐工还将在技术上继续创新

徐工团队

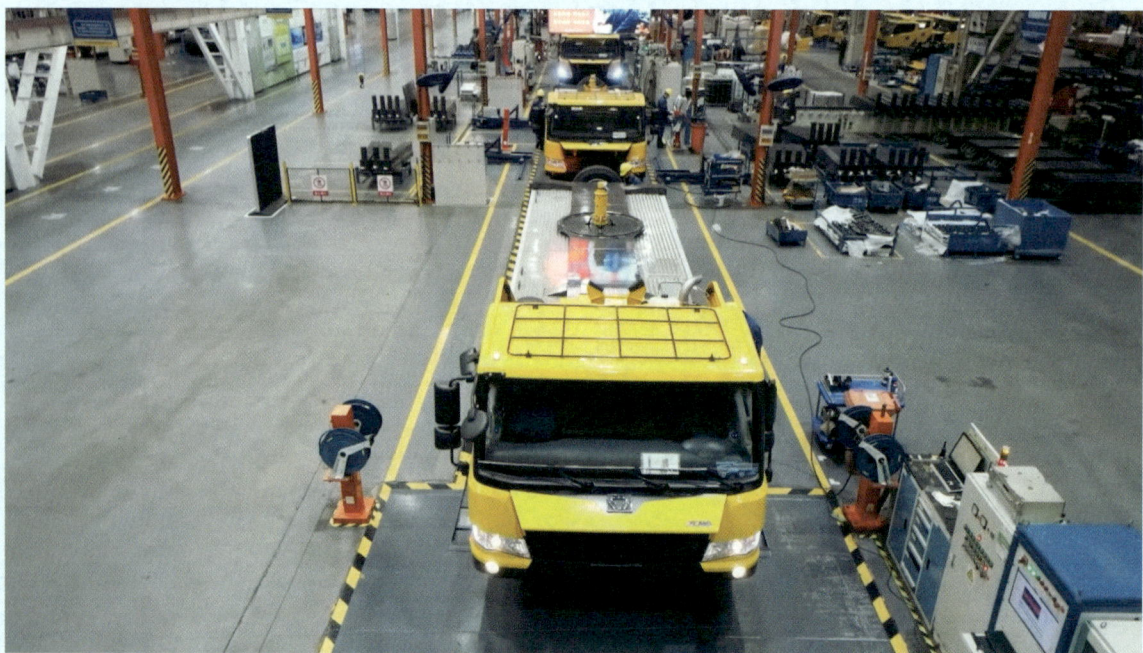

自主研制

大载荷独立悬架

举例而言，大载荷独立悬架是超级起重机的关键技术之一。曾经，这一技术在重载行驶的轮式起重机行业的应用是空白。但通过两年多的不断努力，徐工终于攻克了这项技术。

李波介绍，徐工拥有诸多行业首创、全球领先的技术。特别是2017年习近平总书记在视察徐工时所坐过的220吨全地面起重机，通过技术升级，各项关键指标已达全球领先，整机国产化率由原来的71%提升到100%，所有关键零部件均实现了中国制造。

"团队的200多位专家、100多位高级技师，十年磨一剑，攻克了七大关键核心技术，实现了千吨级起重机的自主研制。作为科研工作者，我们深知，科技创新要摒弃幻想，自立自强，走出一条自己的道路来。"李波说。

在 2023 年的全国两会上，徐工机械总工程师单增海向习近平总书记汇报说，徐工通过技术升级，改变了一些关键零件高度依赖进口的"卡脖子"情况。徐工集团正是凭借自主创新，不断打破国际壁垒、填补行业空白，牢牢把握了发展的主动权。

像徐工集团这样的例子还有很多。比如，中国的一家"手撕钢"企业打破了日本和德国 30 年的垄断并且实现了反超，中国真正成为唯一一个能量产 0.015 毫米"手撕钢"的国家。

"手撕钢"只是我国制造业高质量发展的一个缩影。党的十八大以来，我们党和国家的各项事业都取得了历史性成就、发生了历史性变革。

新时代成就

历经新时代以来的伟大变革，走过百年奋斗历程的中国共产党在革命性锻造中更加坚强有力，党的政治领导力、思想引领力、群众组织力、社会号召力显著增强；中国人民的前进动力更加强大、奋斗精神更加昂扬、必胜信念更加坚定，焕发出更为强烈的历史自觉和主动精神，中国共产党和中国人民正信心百倍推进中华民族从站起来、富起来到强起来的伟大飞跃；改革开放和社会主义现代化建设深入推进，书写了经济快速发展和社会长期稳定"两大奇迹"新篇章，完成了脱贫攻坚、全面建成小康社会的历史任务，实现了第一个百年奋斗目标，实现中华民族伟大复兴进入了不可逆转的历史进程；科学社会主义在二十一世纪的中国焕发出新的蓬勃生机，我们成功推进和拓展了中国式现代化，为人类实现现代化提供了新的选择，中国共产党和中国人民为解决人类面临的共同问题提供更多更好的中国智慧、中国方案、中国力量，为人类和平与发展崇高事业作出新的更大的贡献。

"神舟"

"蛟龙"

党的十八大以来，三件大事对党和人民事业具有重大现实意义和深远历史意义：一是迎来中国共产党成立一百周年；二是中国特色社会主义进入新时代；三是完成脱贫攻坚、全面建成小康社会的历史任务，实现了我们党的第一个百年奋斗目标。可以说，到了新时代，中国人自强不息的民族精神体现出自信自强、守正创新的精神特质。

我们现在是距离中华民族伟大复兴最近的一个时代。新时代中国人民更加自信自强，做中国人的志气、骨气、底气大大增强，正在意气风发迈上全面建设社会主义现代化国家新征程。

中国的发展打破了西方政客唱衰中国的预言。在国际儒学联合会举办的国际性的儒学会议上，能看到越来越多的国外研究者。这很好地说明了，中国的伟大成就正吸引越来越多的人研究中国式现代化道路背后起助推作用的中华民族的传统智慧。中华文明具有突出的连续性，从根本上决定了中华民族必然走自己的路。如果不从源远流长的历史连续性来认识中国，就不可能理解古代中国，也不可能理解现代中国，更不可能理解未来中国。

现在的年轻人是非常幸运的。到本世纪中叶建成社会主义现代化强国时，现在的年轻人也才四五十岁，正当盛年。这个伟大目标在自己手上最终实现，何等的光荣、何等的豪迈。但是，这也更需要我们自强不息、艰苦奋斗。

今天的中国是梦想接连实现的中国。中华民族之所以能够创造彪炳史册的文明成就，一个重要原因在于我们这个民族是敢于追梦的民族，也是善于圆梦的民族，始终在探索创新中奋勇前进，在不懈奋斗中将梦想变为现实。自胜者强，自强者胜。中国共产党人带领中国人民建设社会主义现代化国家的道路不会平坦，但中国共产党人有信心、有决心，发扬自强不息的精神，克服一切艰难险阻，从胜利走向胜利。

注释：

① 习近平：《在全国抗击新冠肺炎疫情表彰大会上的讲话》，《求是》2020 年第 20 期。

② 习近平：《在文化传承发展座谈会上的讲话》，《求是》2023 年第 17 期。

③ 张树军：《图文中国共产党纪事》第 1 卷（1919 ～ 1931），河北人民出版社 2011 年版，第 279 页。

④ ［美］埃德加·斯诺：《红星照耀中国》，董乐山译，人民文学出版社 2016 年版，第 184 页。

⑤ 习近平：《在纪念红军长征胜利 80 周年大会上的讲话》，《人民日报》2016 年 10 月 22 日。

⑥ 毛泽东：《论联合政府》，《毛泽东选集》第 3 卷，人民出版社 1991 年版，第 1036 页。

⑦《习近平在参观＜复兴之路＞展览时强调：承前启后 继往开来 继续朝着中华民族伟大复兴目标奋勇前进》，《人民日报》2012 年 11 月 30 日。

⑧ 习近平：《高举中国特色社会主义伟大旗帜 为全面建设社会主义现代化国家而团结奋斗——在中国共产党第二十次全国代表大会上的报告》，《人民日报》2022 年 10 月 26 日。

扫码可收看本期节目

天行健，君子以自强不息。

——《周易》

胜人者有力，自胜者强。

——《老子》

君子敬其在己者，而不慕其在天者，是以日进也。

——《荀子》

君子之道，始于自强不息。

　　　　　　　　　——王安石《易象论解》

强者之强，强人者也；君子之强，自强者也。
强人则竞，自强则纯。

　　　　　　　　　——王夫之《周易内传》

厚德載物

自古以来，中华民族就以"天下大同"、"协和万邦"的宽广胸怀，自信而又大度地开展同域外民族交往和文化交流，曾经谱写了万里驼铃万里波的浩浩丝路长歌，也曾经创造了万国衣冠会长安的盛唐气象。正是这种"天行健，君子以自强不息"、"地势坤，君子以厚德载物"的变革和开放精神，使中华文明成为人类历史上唯一一个绵延5000多年至今未曾中断的灿烂文明。①

——习近平

捌

厚德载物

说文解字

　　"厚德载物"的意思是道德高尚者能承担重大任务；也指有德行的君子，应该以深厚的德行，来容载世间的万物。

　　其中"德"字的古文字字形写作"悳"，上面是"直"，下面是"心"。我们今天的"德"字，右上的构件其实是"直"的变形。《说文解字》："德，外得于人，内得于己也。从直、从心。"这是个会意兼形声字。从会意的角度说，有德之人须做到"心意正直"，所以"悳"有"直"和"心"两部分。同时，在古音中，"正直"的"直"和"道德"的"德"读音是一样的，"直"也可以看作"悳"的声符。

春秋战国文字中的"悳"

"德"字的古文字字形

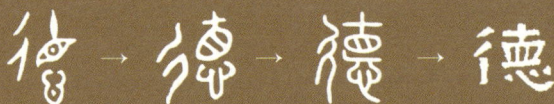

西周	春秋	《说文》	汉
金文	金文	小篆	隶书

"德"字形演变

　　而"德"字，是个以"彳"为义符、以"悳"为声符的形声字。"彳"这个义符，往往与道路或行走有关。《说文解字》："德，升也。"也就是说，"德"其实本来是为"上升""攀登"之类的意思所造的形声字。不过，后来人们习惯用这个从"彳"的"德"字来表示"道德"的"德"，"悳"就不太常用了。

中华民族历来强调自强不息、厚德载物。"天行健，君子以自强不息""地势坤，君子以厚德载物"的变革和开放精神，支撑着中华民族生生不息、薪火相传，到今天依然是我们推进中华民族伟大复兴的强大精神力量。

一

"厚德载物"这个词我们现在常常在大学校训中看到，最早是出现在《周易·坤卦·象传》。相传孔子从《易经》的第二卦坤卦中，悟出了"厚德载物"的道理。"地势坤，君子以厚德载物。"这里的"坤"象征大地，意思是说大地柔顺、宽厚，能够承载万物、滋养一切，而作为有为的君子则应努力效法大地的这种品格，以养成宽厚待人、海纳百川的气度与品性。值得注意的是，这里的坤道虽以柔顺为特征，但有一种含弘光大的格局，也就是说要包容一切并发扬光大。

> 至哉坤元，万物资生，乃顺承天。坤厚载物，德合无疆。
> ——《周易·坤卦·象传》
> 地势坤，君子以厚德载物。
> ——《周易·坤卦·象传》

中国人追求君子之道，首先就是要强调进德、厚德。在《说文解字》中，"厚"是个形容词，解释为山陵之厚也。所以说"厚德"的第一种解释就是"高德""大德"，指德行像山陵一样厚重。"厚德"还有一种解释，就是不断增厚自己的德行；在这里"厚"是一个动词，指增加、积累、增厚。因为"德"不是天生就有的，也不是一成不变的，需要靠后天努力不断自我完善、自我修炼，增加自己的德行。

情景演绎《厚德载物》

　　"厚德载物"中的"载"，表面的意思是"运"，引申的意思是"生""主宰""容纳""承载"。"物"指的是万物，既指自然之物，也指社会存在。用宽厚的品行理性地对待、运行客观环境中的人和事物，就可以"载物"，它所彰显的是一种极具利他精神的宽厚胸怀与担当意识。

　　"德"是对主体属性的一种表达；"物"指的是一切客体，也就是人或一切事物。在对待不同的"物"时，"德"所呈现出来的特质有所不同。当"物"指的是自然的时候，"厚德载物"体现的是保护自然资源，使人与自然和谐共生；当"物"指的是国家、民族的时候，"厚德载物"体现的是和平相处，敢于担当；当"物"指的是人的时候，"厚德载物"强调的是"和为贵"，平等和睦；当"物"指的是老百姓的时候，"厚德载物"表现为善于听取，从善如流；当"物"指的是一种文化价值观的时候，"厚德载物"体现的是对外来文化采取宽厚包容的态度。"厚德"与"载物"，共同构筑了中国人理想人格塑造的基本方法与路径。

"德"在中国人的精神特质和理想人格中占有极其重要的地位。但"德"这个概念，想把它翻译成外文也有一些困难。比如，在英文中"德"最普遍的翻译是"virtue"，就是"德行"或者"美德"的意思，这是比较符合西方人日常的一种理解。但也有汉学家不认同。英国的亚瑟·威利在翻译《道德经》时把"德"翻译成"power"，即力量，指的是"道"赋予事物的一种内在精神力量。还有一些人认为"德"也可解释为"charisma"，就是一种人格魅力，尤其是像圣人或者圣王具有的一种品格、品德。不过，大多数人还是认为，"virtue"比较符合"德"这个字中国化的意思，所以"厚德载物"可以翻译成"embracing the world with virtue"，即用美德拥抱世界。当然，西方人要想真正了解"德"的深层含义，光翻译是不够的，还需要更深入地研究中国传统文化。

"厚德载物"从思维方式上体现了中华文明的独特性。中华文明以"天人合一"为思想起点，以敬法自然的价值选择强调人与天地万物的内在关联与统一，这是理解"厚德载物"观念的前提。它和"自强不息"一起构成了中华民族精神的基本品格，体现了中华文明的核心精神价值。

青年声音

"厚德载物"让我想到战国时期的蔺相如，他因为多次立功被任命为上卿。老将军廉颇不服气，扬言要当众羞辱他。蔺相如知道后，为了社稷，对廉颇尽量回避、容让，不与廉颇发生冲突。他说："其他国家不敢侵略我们赵国，是因为有我和廉将军。我对廉将军容忍、退让，是把国家的危难放在前面，把个人的私仇放在后面！"廉颇得知他的良苦用心后惭愧不已，便背负荆条向蔺相如请罪，留下了"将相和"的美谈。

——北京大学　侯卓成

　　我去安徽的时候看到一个很有名的巷子，叫"六尺巷"。传说清朝大学士张英的老家与吴家为邻，后来吴家要盖房子，想侵占张家的宅地，张家人非常生气，写了一封信送到了京城，希望张英为他们撑腰。可是，张英看了信，却认为应该谦让邻里，回信题诗一首："一纸书来只为墙，让他三尺又何妨。长城万里今犹在，不见当年秦始皇。"张家人收到回信之后，就主动让出了三尺之地，吴家人见状很受感动，也让出了三尺的地基，所以就有了后来的"六尺巷"。

——北京大学　江　阳

　　这些例子都体现了中国古人对提升品德修养的自我要求。"修身"是做人的根本。一个人要想有所作为，做一番事业，就一定要从自身做起，努力提高道德品行水准。"修身齐家"是基础，正所谓"一屋不扫，何以扫天下？"即就个人而言，要以德养身，强调人的心胸开阔、豁达，要有"为天地立心，为生民立命"的豪迈气魄和责任担当。

《岳阳楼记》（节选）

嗟夫！予尝求古仁人之心，或异二者之为，何哉？不以物喜，不以己悲，居庙堂之高则忧其民，处江湖之远则忧其君。是进亦忧，退亦忧。然则何时而乐耶？其必曰"先天下之忧而忧，后天下之乐而乐"乎！噫！微斯人，吾谁与归？

朗诵《岳阳楼记》选段

"先天下之忧而忧，后天下之乐而乐"，体现的是一种以天下为己任、忧国忧民的济世情怀。范仲淹一生几经沉浮，始终心系国运、情牵民生；不论官职大小，始终为官一任、造福一方。范仲淹所忧所乐，亦是民生所悲所喜。以民为本、利泽民生，是范仲淹"先忧后乐"思想的出发点和落脚点。

他们的这种高尚的德行，也是中华文明史上一种绵延不断的传承，铭刻在华夏儿女的心灵上，融化在中华民族的血脉里，是中华民族生生不息、薪火相传的精神支柱。

古代的主流思想认为，立人先立德。这一思想与使用人才的德才观是一致的。汉代著名儒学大家董仲舒提出"必仁且智"，认为人的内在道德修养是根本。宋代著名改革家王安石还提出："国以任贤使能而兴，弃贤专己而衰。"他认为选拔有德行、有才能的人，才是治理国家的头等大事。

从古至今，中国就是一个崇尚道德、遵守道德的国家。在中华民族崇德向善、明德践行的历史进程中，矢志不渝地不懈追求"厚德"，并逐步形成包容开放、宽恕自省、柔顺谦和的大德。以"厚德载物"为核心的美好道德理想，是中华优秀传统文化道德理念的精髓所在。

"厚德载物"的思想理念，同样也影响着我们对待外来文化、外来文明的态度。

像琵琶这些我们以为源于中国的传统乐器，其实来自国外。外来乐器在唐朝的盛行，也展现了中国人的自信和海纳百川的精神。不光是乐器，唐朝的服装、舞蹈，都吸收了一些外来文化的元素。

唐朝的开放，不仅是简单的生活习惯的开放，更是从经济到文化再到政治的全方位的开放。这一时期的唐朝开展了大量的对外文化交流活动。对外来文化兼收并蓄的胸襟与气度，是唐朝繁荣兴盛的重要原因。

舞蹈《花月宴》

一个国家是否发达、是否繁荣，与这个国家的包容性有很大的关系。回看历史，中华文明之所以能够历经5000余年的绵延不绝而历久弥新，一个重要的原因就是拥有海纳百川的非凡气度和求同存异的交往理念。正是由于持续不断地吸收外来文化，中华文化才更为丰富多彩、更为生机勃勃、更为辉煌灿烂。习近平总书记指出："中华文明的包容性，从根本上决定了中华民族交往交流交融的历史取向，决定了中国各宗教信仰多元并存的和谐格局，决定了中华文化对世界文明兼收并蓄的开放胸怀。"②这些都是我们中华民族的智慧所在，也是"厚德载物"精神和胸怀的体现。

二

中华优秀传统文化当中的"厚德载物"和马克思主义之间亦有契合性。

在推翻旧世界、建立新世界的过程中，马克思、恩格斯有一个始终秉持的基本原则，即以开放包容的态度团结一切可以团结的力量，吸收借鉴人类历史上一切文明成果，这同"厚德载物"在很大程度上是相互契合的。中国早期马克思主义者正是发扬了中华文明开放包容、兼容并蓄的传统，才最终拓展出了马克思主义中国化的广阔道路。

"改造中国与世界"

在湖南省图书馆，收藏着一封一个世纪以前从长沙寄往法国的信。这封将近5000字的长信，只探讨了一个话题："如何改造中国与世界？"③寄信人是毛泽东，这一年27岁。收信人是他的好友蔡和森，25岁。这是100多年前的两位"90后"。

新民学会会员
在长沙留影

　　为了拯救人民于水火，青年毛泽东和蔡和森等人一起，成立新民学会，创办《湘江评论》，指点江山、激扬文字。他们将"改造中国与世界"确立为新民学会的宗旨。为了探寻国家的出路与前程，蔡和森坐着轮船底舱远赴法国勤工俭学。毛泽东则选择留在国内，响应五四运动，在《湘江评论》上大声疾呼："天下者我们的天下。国家者我们的国家。社会者我们的社会。我们不说，谁说？我们不干，谁干？"④

　　正是在这样的求索当中，两位远隔重洋的好友，不约而同认准了同一条道路——马克思主义道路。俄国式的社会革命，让两位寻寻觅觅的年轻人抑制不住心中的激动。1920年9月16日，蔡和森在写给毛泽东的信中，提出了"明目张胆正式成立一个中国共产党"⑤的主张。1921年1月21日，毛泽东回信道："见地极当，我没有一个字不赞成。"⑥

　　那一时期，许许多多的觉醒青年，如毛泽东、蔡和森一样，心怀救国之志，成为坚定的马克思主义者，在雪夜里率先觉醒，在黑暗中擎起明灯。

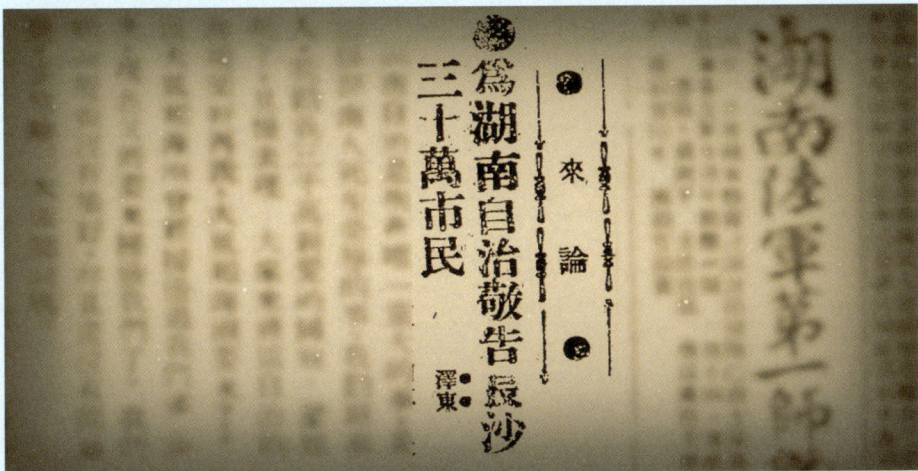

1920 年 10 月 7 日，湖南《大公报》刊

毛泽东早年求学的时候，从不讲究吃穿，从不坐人力车、上戏院看戏、到馆子里吃饭，三分之一的开销都用在订报和买书上。⑦俭以养德，德为业基。厚德才能载物，吃苦耐劳的俭朴作风奠定了毛泽东一生行事的基本风范。饱览锦绣江山，调研底层社会，造就了青年毛泽东胸怀天下、心系人民的高尚情怀。

不仅仅是毛泽东，早期的共产党人都高度重视品德修养，强调在立己修身当中展现自我道德的先进性。他们在修身齐家的过程中以身作则、立己达人，为他们行大道、利天下奠定了坚实的基础。

青年声音

中国共产党主要创始人之一李大钊，生活俭朴，把绝大部分收入用于党的工作。他牺牲后遗体下葬，棺椁衣裳都是朋友帮助提供的。他对待自己永远是苛刻的，而对党的事业永远是慷慨的。他勇于献身的革命精神和无私奉献的高尚品德，让我们倍感钦佩。

——青年观众　李园园

　　我认为周恩来身上有许多优秀的精神品质，都体现了中国共产党人"厚德载物"的崇高精神。他曾经定下"十条家规"，包括"不许动用公家的汽车"，"不谋私利、不搞特殊化"，教育亲友"完全做一个普通人"，等等。这是中国共产党人高尚品德的生动写照。

——青年观众　黄子彤

　　一百多年前，党的先驱们创建了中国共产党，形成了"坚持真理、坚守理想，践行初心、担当使命，不怕牺牲、英勇斗争，对党忠诚、不负人民"的伟大建党精神，这是中国共产党的精神之源。包括自强不息、厚德载物、革故鼎新等在内的中华优秀传统文化，是孕育伟大建党精神的文化土壤。

　　早期的中国共产党人都很年轻，但是他们早早地确立了"为中国人民谋幸福、为中华民族谋复兴"的理想信念。因为他们知道未来的路还很长，他们深知自己投身的是民族复兴的千秋伟业，肩负的是人民幸福的万钧重担，所以他们特别重视自身道德修养的锤炼与提升。

　　中国共产党人传承"厚德载物"的优秀品质，突出体现为人民立场。邓中夏在狱中写道："一个人能为了最多数中国民众的利益，为了勤劳大众的利益而死，这是虽死犹生，比泰山还重。"[8]

　　新中国成立之后，随着我国社会主义改造基本完成，面对人民对于经济文化迅速发展的需要同当时经济文化不能满足人民的需要的状况之间的矛盾，中国共产党人在行动中体现了"厚德载物"的精神。

　　这一时期体现中国共产党人"厚德载物"精神的事情有很多：我们确立了中国人民政治协商会议制度，最大限度地团结了一切可以团结的力量；我们坚持民族平等，实行民族区域自治制度；在外交方面，中国共产党始终坚持通过发展本国，更好地兼济天下、造福世界，提出和平共处五项原则。在这一历史时期，我们党领导人民完成了社会主义革命，实现了一穷二白、人口众多的东方大国大步迈进社会主义社会的伟大飞跃。

党的十一届三中全会作出把党和国家工作中心转移到经济建设上来、实行改革开放的历史性决策。这一系列的改革充分调动了广大人民群众的积极性、主动性、创造性，改革开放取得了历史性的成就。在改革开放的过程中，中国积极吸收借鉴了西方发达国家在经济发展方面的一些成功做法，把社会主义制度跟市场经济有机地结合起来，体现了中国人民敢闯敢拼、博采众长的伟大胸襟。诺贝尔经济学奖得主科斯在《变革中国》一书中感叹，1978年中国的改革开放是二战以后人类历史上最为成功的经济改革运动。

从"以阶级斗争为纲"到"以经济建设为中心"，从敢于"大包干"到敢砸"大锅饭"，从"摸着石头过河"到"杀出一条血路"，思想解放的大潮如狂澜荡涤了僵化落后的观念，释放出了蕴藏于亿万人民的巨大活力，激活了生产力中最活跃的因素，中国由此万马奔腾、生机勃发。中国共产党带领人民进行改革开放所取得的成就，充分展现了中国人民开拓创新、勇于担当、开放包容、兼容并蓄的精神品格，也体现了中华民族传统文化中"厚德载物"的精神特质。

三

进入新时代，中华民族迎来了从站起来、富起来到强起来的伟大飞跃。面对新形势、新挑战、新使命，习近平总书记指出，实现中华民族伟大复兴，就是中华民族近代以来最伟大的梦想。[9]要实现中华民族伟大复兴的中国梦,必须凝聚起强大的精神力量和有力的道德支撑。

党的十八大报告用"富强、民主、文明、和谐,自由、平等、公正、法治,爱国、敬业、诚信、友善"24个字,分别从国家、社会、公民三个层面,提出了反映现阶段全国人民"最大公约数"的社会主义核心价值观。社会主义核心价值观这个概括,实际上回答了我们要建设什么样的国家、建设什么样的社会、培育什么样的公民等重大问题。2019年,《新时代公民道德建设实施纲要》颁布。

从"有期限的任务"变成"终生使命"

江苏省灌云县的开山岛,面积仅有0.013平方公里,相当于两个足球场大。王继才、王仕花夫妇在此守岛32年。

"我们刚来的时候,王继才是26岁,我是24岁。岛上只有我们两个人。没上岛之前我想了很多,上来之后跟想象中是不一样的。岛上有老鼠啊、有蛇啊……刮台风的时候,给养都送不过来。那种苦,描述不出来那种滋味的。"王仕花回忆。

王仕花曾经觉得这样的日子很难熬,但她的丈夫王继才说:"家就是岛,岛就是国。你不守,他不守,那谁来守?既然我们来了,我们就踏实在这边守着。"

"老王最喜欢做的是升国旗。只有国旗升起来了,小岛才有了颜色。"王仕花说,"也许他在别人眼里不是一位传统意义上的好丈夫、好父亲,但是他是一名甘愿奉献祖国的好战士。"

守岛从"有期限的任务"变成了"终生使命",王继才在他生前的最后一篇海防日志当中写道:"2018年7月27日,天气晴,今天早晨我和仕花在后山操场上升旗,巡逻、查看仪器,海面没风,很平静,一切正常。我们准备了一面新国旗,想在

俯瞰开山岛

八一那天给它换上……"此后，海防日志上再也没有出现王继才的名字。

7月27日，年仅58岁的王继才在执勤时突发疾病，终因抢救无效去世。但夫妻守岛的事迹影响了很多人，一位又一位守岛卫士接过他们的旗帜，继续守卫祖国海疆。

爱国是每个公民的义务和责任。王继才在面对家与国、个人与集体、私利与公义的取舍时，坚定地选择了后者。他用无怨无悔的坚守和付出，在平凡的岗位上书写了不平凡的人生华章。这种爱国奉献的精神，就是新时代奋斗者价值追求的一个缩影。

王继才、王仕花夫妇守岛影像资料

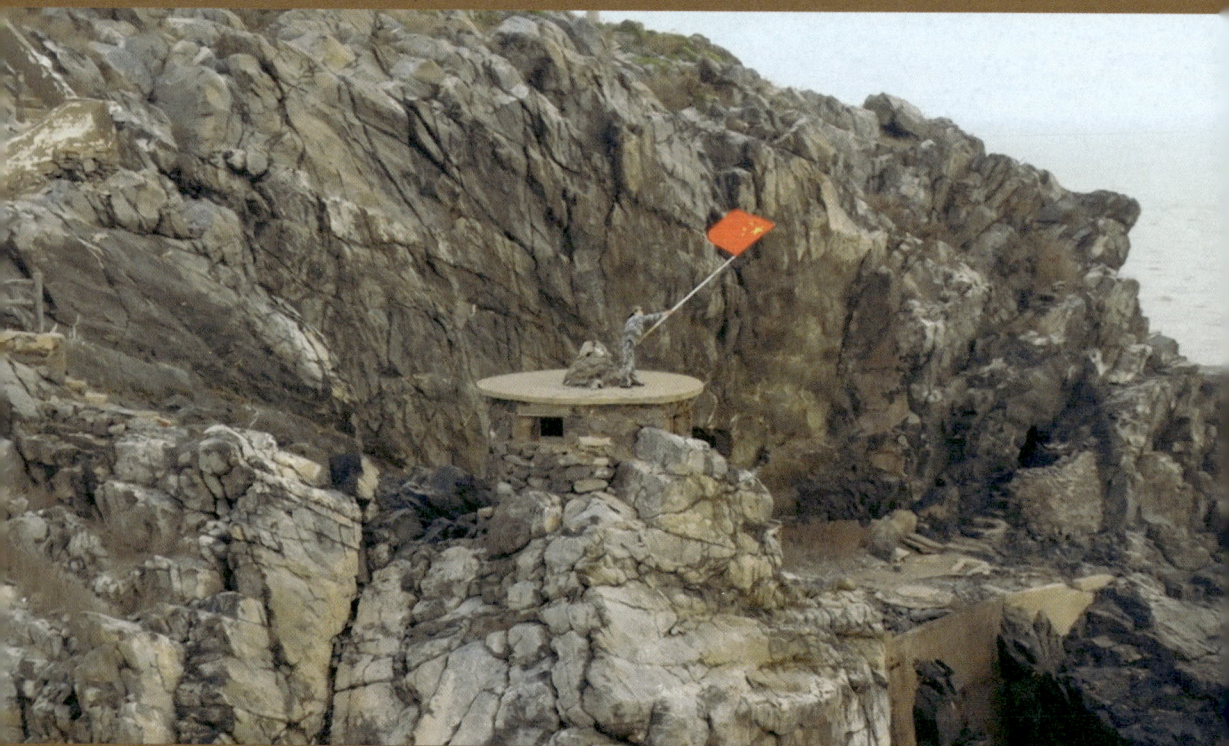

在岛上升起国旗

　　榜样的力量是无穷的，精神的力量也是无穷的。党的十八大以来，党和国家高规格地表彰了一批作出杰出贡献的英雄模范，推出了一大批道德模范、时代楷模、最美人物、身边好人，为全社会树立了榜样。他们的高尚品德，归根结底都是植根于中华民族深厚的道德积淀，是社会主义核心价值观的生动诠释，也代表着当今中国社会的思想道德主流。

青年声音

　　我想起播种未来的科学家钟扬，他艰苦援藏16年，长期致力于生物多样性研究和保护，率领团队为国家种质库收集了4000万颗植物种子。他还培养出7名少数民族博士生，把一生都奉献给了祖国的科研与教育事业。

　　　　　　　　　　　　　　　——中国海洋大学　张宜良

　　我想到了一群人，他们有勇担民族复兴大任的"天眼"巨匠南仁东、"一生只为一条渠"的黄大发、"点燃大地的活雷锋"赵亚夫、把独龙江变成"童话世界"的高德荣、"筑梦九天写忠诚"的中国航天员群体……在他们身上我们看到了一种精神、一种情怀、一种品格，更是一种力量。

　　　　　　　　　　　　　　　——北京大学　侯卓成

　　我想和大家分享一部电影，叫《守岛人》。在电影中，我更加深刻地了解了"人民楷模"王继才、王仕花夫妇的故事。王继才夫妇苦苦驻守孤岛达32年，用生命守卫着祖国的大门。他们看似平凡，却做着伟大的事情，我想这诠释的就是我们中国人的爱国精神。

　　　　　　　　　　　　　　　——南京大学　鲁韦彤

我们说国无德不兴，人无德不立，官无德不为。党的十八大以来，习近平总书记十分重视立德的问题，对我们的党员干部提出了新的要求。

习近平总书记多次对党员干部的政德建设提出要求，指出："领导干部要讲政德。政德是整个社会道德建设的风向标。立政德，就要明大德、守公德、严私德。"⑩

具体来说，一要崇尚对党忠诚的大德，广大党员干部永远不能忘记入党时所作的对党忠诚、永不叛党的誓言，做到始终忠于党、忠于党的事业，做到铁心跟党走、九死而不悔。二要崇尚造福人民的公德，广大党员干部要站稳人民立场，始终同人民风雨同舟、生死与共，勇于担当、积极作为，切实把造福人民作为最根本的职责。三要崇尚严于律己的品德，广大党员干部要慎微慎独，清清白白做人、干干净净做事，努力做一个高尚的人、一个纯粹的人、一个有道德的人、一个脱离了低级趣味的人、一个有益于人民的人。

在世界更加开放和多元的今天，我们一方面更加注重自身的道德建设；另一方面也正以更加开放包容的姿态走近世界舞台的中央。

党的二十大报告中提出：我们要拓展世界眼光，深刻洞察人类发展进步潮流，积极回应各国人民普遍关切，为解决人类面临的共同问题作出贡献，以海纳百川的宽阔胸襟借鉴吸收人类一切优秀文明成果，推动建设更加美好的世界。

很多来中国学习、工作的外国朋友发现：中国的学生既学习中国哲学，又学习西方哲学，这样他们就可

域外声音

中国是个历史特别悠久的国家，我非常喜欢中国文化。从法国来到中国后，我学习了中国的书法、水墨画。学习的过程中我意识到了中国传统文化的博大精深，这也给我的中文学习之路指明了方向。我希望通过自己的绵薄之力，架起中法文化交流的桥梁，为中法友谊添砖加瓦。

——法国青年　爱黎

以像学习另外一种语言一样，更清楚地看到不同文化传统思维的特征和局限。这是文明交流互鉴的一种直接体现。

党的十八大以来，面对风云激荡的国际形势，习近平总书记从全人类共同利益和共同价值出发，创造性地提出了一系列富有中国特色、体现时代精神、引领人类进步潮流的新理念新主张新倡议，饱含对人类前途命运的深切关怀、对人类文明前景的深邃思索。2023年3月15日，在中国共产党与世界政党高层对话会上，习近平总书记发表主旨讲话，首次提出全球文明倡议，为不同文明更好地实现包容共存、交流互鉴，为世界文明百花园更加繁荣贡献中国智慧。

从提出和平共处五项原则，到坚守独立自主的和平外交政策；从提出构建人类命运共同体，到推动高质量共建"一带一路"；从提出全球发展倡议、全球安全倡议，到提出全球文明倡议，特别是提出和平、发展、公平、正义、民主、自由的全人类共同价值，中国始终是世界和平的建设者、全球发展的贡献者、国际秩序的维护者。在新征程上，中国式现代化作为人类文明新形态，与全球其他文明相互借鉴，极大丰富了世界文明的百花园；新时代中国与世界携手同行现代化之路，必将为促进人类和平与发展事业、推动构建人类命运共同体作出新的更大的贡献！

我们党是中华优秀传统文化的忠实传承者和弘扬者，将"厚德载物"精神融入公民道德与社会主义核心价值观之中，不断提高人民道德水准和文明素养。新时代，需要进一步坚定历史自信、文化自信，秉承"厚德载物"的兼容精神，以虚怀若谷、海纳百川、开放包容、博采众长的胸怀和视野，广泛学习借鉴其他优秀文化、文明成果，汇聚起推进中华民族伟大复兴的磅礴伟力。

在以中国式现代化全面推进中华民族伟大复兴的新征程上，我们要推动中华优秀传统文化创造性转化、创新性发展，把跨越时空、超越国度、富有永恒魅力、具有当代价值的文化精神弘扬起来，不断谱写马克思主义中国化时代化新篇章，不断丰富和发展人类文明新形态，努力为促进人类文明进步贡献中国智慧、中国方案、中国力量。

注释:

① 习近平:《在庆祝改革开放 40 周年大会上的讲话》,《人民日报》2018 年 12 月 19 日。

② 习近平:《在文化传承发展座谈会上的讲话》,《求是》2023 年第 17 期。

③ 毛泽东:《致蔡和森等（1920 年 12 月 1 日）》,《毛泽东书信选集》,中央文献出版社 2003 年版,第 1—10 页。

④ 毛泽东:《民众的大联合（三）》,《毛泽东早期文稿》,湖南人民出版社 2013 年版,第 276 页。

⑤《蔡林彬给毛泽东（1920 年 9 月 16 日）》,《蔡和森文集》上,人民出版社 2013 年版,第 75 页。

⑥《毛泽东给蔡和森（1921 年 1 月 21 日）》,《蔡和森文集》上,人民出版社 2013 年版,第 77 页。

⑦ 徐中远:《毛泽东为什么能一生艰苦奋斗、俭朴生活》,《党建研究》2021 年第 5 期。

⑧ 邓中夏:《狱中遗言》,《革命烈士书信》续编,中国青年出版社 1983 年版,第 78 页。

⑨《习近平在参观＜复兴之路＞展览时强调:承前启后　继往开来　继续朝着中华民族伟大复兴目标奋勇前进》,《人民日报》2012 年 11 月 30 日。

⑩《习近平总书记两会金句》,《人民日报》2018 年 3 月 20 日。

扫码可收看本期节目

经典诵读

地势坤，君子以厚德载物。

——《周易》

地无不载，势顺而上，承于天。君子修博其德，而当承上之事也。

——卜商《子夏易传》

万物并育而不相害，道并行而不相悖。小德川流，大德敦化，此天地之所以为大也。

——《礼记》

惟宽可以容人，惟厚可以载物。

——薛瑄《读书录》

讲信修睦

中国已经开启全面建设社会主义现代化国家新征程。我们愿同各方一道努力，秉持真正的多边主义，讲信修睦，合作共赢，向着推动构建人类命运共同体的目标稳步迈进。[1]

——习近平

玖

讲信修睦

说文解字

　　"信"这个字，从"人"从"言"。东汉文字学家许慎在阐述会意这种造字方式时说："会意者，比类合谊，以见指㧑（huī），武、信是也。"意思是，会意这种造字方式，就是把几个字的字形和意义合在一起，表现出所造之字的意思，"武"和"信"都是会意字的代表。

　　按照许慎的解释，"信"是个会意字，由"人"和"言"组成"人言可信"的意义来表示"信用"的"信"。

秦　　　　　汉
简牍　　　　隶书

"信"字形演变

　　在古文字中，"信"除了从"人"从"言"的写法，还有从"仁"从"言"、从"千"从"言"、从"身"从"言"等各种异体。"仁"和"千"都是从"人"分化出来的，从古文字字形仍可以看出它们都是在"人"的基础上添加笔画而成。"身"和"人"读音与意义也很接近。"人""仁""千""身"这些构件，古代的读音和"信"都相近，所以现代学者认为它们也有表音的作用。

睡虎地秦简　　秦印章　　齐国印章　　中山国青铜器
从"人"　　　从"仁"　　从"千"　　　从"身"

古文字中"信"的四种异体写法

人与人交往在于言而有信，国与国相处讲究诚信为本。千百年来，讲信修睦、善待他人的传统思想，塑造了中华民族敦厚平和的禀性。在全面建设社会主义现代化国家新征程上，中国致力于推动构建人类命运共同体，秉持真正的多边主义，讲信修睦，合作共赢。

———

"讲信修睦"最早出自相传为西汉礼学家戴圣编选的《礼记》。《礼记·礼运》："大道之行也，天下为公，选贤与能，讲信修睦。"意思是，让全天下都能为人们的共同利益服务，选拔德行高尚的人，推举能力出众的人，人与人之间讲求诚信，构建和谐的社会关系。这一段话描述的就是孔子心中的黄金时代；那个社会的状态，也是我们中国人心目当中治国理政的最理想境界。

"讲信修睦"包含中华传统文化中的重要理念——诚信与和睦，核心含义是人与人之间、国与国之间讲究信用、谋求和睦。这是中华传统文化对理想社会的初步描绘，也是对"如何构建理想社会"这一人类之问的历史回答。

青年声音

我想起了一诺千金的故事。西汉初年有一位名叫季布的人，为人正直、乐于助人，特别是非常讲信义。只要是他答应过的事，无论多么困难，他都能信守承诺，一定设法办到。他诚信的品格和事迹被人们广泛传扬。司马迁在《史记》中这样评价："得黄金百斤，不如得季布一诺。"

——南京大学　唐文悦

　　我知道一个东汉时期的官员的故事。他叫郭伋，正直爱民，为老百姓做了许多好事，深受当地百姓的爱戴。一次巡视结束以后，一群孩子问他下次什么时候再来。他大致推算了一下说，某月某天会回来。孩子们说，等您回来的时候，我们一定到城门口欢迎您。但是等郭伋返回时，却比预计的时间提前了一天。为了不失信，他在野外的亭子里过了一夜，第二天才进城，而那些孩子也正在那里等他。哪怕是面对小孩子，中国人也要求能做到言出必行。

——木兰（哈萨克斯坦）　东南大学

　　中国人民对于诚信的内在要求，应该是守住自己的本心，并且在将心比心、推己及人的前提下，待人以诚、取信于人。对于诚信的执着和坚守，可以说已经深深地融入我们中国人的精神血脉，成为中华传统美德的核心价值理念和基本要求。

　　"诚""信"是可以互相为解的，但是"诚""信"又是有区别的。"信"强调向外，是一种社会秩序的规范，强调的是一个主体和另外一个主体之间的关系；而"诚"其实是向内的，是对自我的要求。我们把

中国人用"一言九鼎"形容说话的分量

"诚""信"连起来看，会发现"信"发乎"诚"。只有主体做到了"诚"，才能够在关系当中把"信"树立起来。

在上古时代，"信"是社会公认的为人、处世、治国的重要原则。比如说，《尚书·康王之诰》当中就赞扬周的文王和武王"厎至齐信，用昭明于天下"，因此奠定了周朝根基，为治国之楷模。诚信也是诸子百家共同推崇的准则。比如，孔子说"民无信不立"，是说一个国家如果不能得到老百姓的信任，就不能稳固。管子也说"诚信者，天下之结也"，把诚信视为一个团结天下的纽带。

《说文解字》解释"睦"："睦，目顺也。一曰敬和也。""睦"字本来的意思是指一个人的目光平静温和，像这样一个目光平静温和的人，应该是一个能够让人产生亲近感的人。在此基础上，古人又把"睦"解释为恭敬、温和，由此引申出来人与人之间关系融洽、亲近、友善等含义。

"讲信修睦"就是把"信"和"睦"有机地结合在一起，由此形成了一个完整的实践逻辑链。人通过讲求诚信，建立起相互信任、密切联系与普遍认同的共同价值，为建构团结、稳定、和谐、有序的社会环境提供了必要的现实基础。

与我国推崇"信"类似，西方经常提到"契约"这个词，二者有一定差异。契约概念可能最早在罗马法中出现，是指双方产生法律关系的约定。任何契约的初衷都是实现各方间的共同利益和努力目标。所以说，中国诚信文化与西方契约精神，都是来自人性的自然需要，让生活更美好。

由于产生的文化土壤不同，中国的诚信文化跟西方的契约精神还是有一定的差别的。中国的诚信其实主要建立在德行品格的基础之上。《礼记·学记》当中有"大信不约"的表述，意思是，最高级别的信用是不依靠文字来约定的。事实上，这里说的"大信"，大到什么地步？

四时——春夏秋冬的流转，皆源于天道的流行。因为有天道，所以会有春夏秋冬。这个东西，天不言，不需要用文字铭记，但是它是恒久地在那里的。引申下来，意思就是说，真正的良好的信用其实靠的是人们的信心，靠的是对彼此之间关系的信任。而现代的契约精神，其实是建立在商品交换、理性计算的基础之上的，靠的是相对而言比较实的制度，重视的是条约关系。中国人相信由诚到信，而西方是说由约到信，这两种思想文化的理念和精神可以说是各有优长。

马来西亚留学生南京寻访郑和宝船

永乐三年（1405），郑和率领二百多艘海船、两万七千多名人员组成的船队，扬帆远航，拉开了郑和七下西洋的帷幕。自永乐三年至宣德八年（1433），郑和率领船队七下西洋，历大小凡三十余国，涉沧溟十万余里，足迹遍及亚非等地。有史记载：洪涛接天，巨浪如山……而我之云帆高张，昼夜星驰。

郑和航海图

今仿郑和宝船

　　如今在南京，仍有仿真郑和宝船，长约六十三米、宽约十四米，六桅八帆。即使用现代人的眼光来看，宝船依旧十分壮观，展现了中国古代先进的造船技术。

　　来自马来西亚的郭圣杰，如今就读于南京艺术学院。据郭圣杰介绍，郑和七下西洋，其中有五次都经过马六甲。船队带来了中国的茶叶、瓷器和丝绸，调解缓和了各国之间的矛盾。因受到明朝保护，满剌加国日益强大，马六甲地区也从小渔村发展成为重要的东西方商业贸易活动中心。

　　在郭圣杰看来，郑和船队的来访虽然短暂，但影响深远。"直到今天，在我们马来西亚，三宝山、三宝庙、三宝井，依然讲述着郑和船队的传奇故事，郑和时代缔结的中马友谊仍在延续。"

在历史长河里，15 世纪是航海及海洋开发的时代。在西方，葡萄牙及其他国家也组织了深入大洋和南下非洲海岸的连续探险，哥伦布四次横渡大西洋。但不同的是，即便是西方国家，现在也认为他们的航海推动了对美洲、非洲和印度的殖民和掠夺。而郑和及其他中国航海家，则是为了尝试建立和平与和谐的国际关系，他们对所有的国家和民族都以礼相待、平等交往，这就是所谓的"修睦"。

郑和下西洋，通过海上丝绸之路推行经贸和文化交流，舰队这么强大却没有进行过任何侵略，而是调解纠纷、打击海盗。中国奉行和平发展的外交政策，给予邻邦巨大帮助，交了很多朋友。讲信修睦，以和为贵，实现和平发展、共同发展一直是中华传统文化的内在基因，成为具有普遍意义的价值理念和道德原则，激励、指引一代代中国人为了建成和谐美好的社会不懈努力。

二

"讲信修睦"的精神内核，外化为先贤们始终如一的价值追求。当历史的脚步来到荡气回肠的革命年代，中国共产党人又作出他们的实践举措。

千金一诺：红军的"借谷证"

1932 年，中央苏区部分地方发生了粮荒，而国民党又不断对苏区实行军事"围剿"和经济封锁，导致红军的粮食供应非常紧张。

为解决粮食问题，1933 年的春天，苏区政府决定向群众借用谷物，并以借谷证为凭证，承诺一定会如数奉还。在那段艰苦的

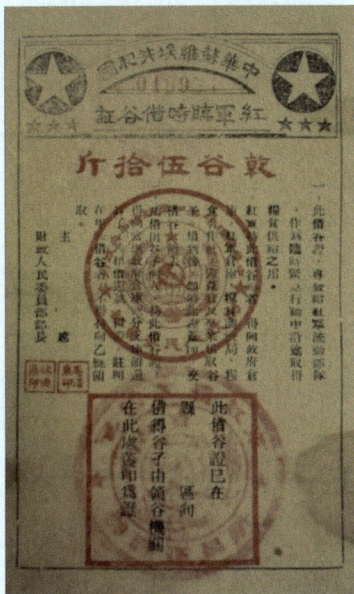

借谷证最早由中央苏区印发于 1933 年 3 月，是当时红军筹集粮食的票证

岁月里，尽管老百姓自己也过得很艰难，但是他们还是先后三次借给了中央苏区共一百余万石的粮食，不仅缓解了苏区军粮紧缺的局面，还为红军的战略转移提供了坚实的保证。

1949 年，新中国成立之后，中央政府继续履行红军当年的承诺，并且作出规定，凡是持有这样借谷证的群众，可以按时价兑换粮食或者现金。在之后的几十年，群众手中的借谷证陆续得到了超出借谷数量甚至是十倍以上的兑换。

90 年过去了，票证上面的印章依然鲜红如初，见证着曾经的峥嵘岁月。从中我们不仅能够看到军民鱼水情深，更能深刻地体会到中国共产党严明的政治纪律和一诺千金的信誉。

中国共产党是严于律己的，是取信于民的。历经百年风雨，中国共产党始终受到人民群众的信任拥护，不断发展壮大，取得一个又一个的胜利，一个重要的原因就是能够做到说到做到、不打折扣。中国共产党是说话算数的。

刘少奇《论共产党员的修养》

中国共产党的目标是让全体人民过上美好生活。为了这个目标，中国共产党不断努力和奋斗，在中国人民摆脱贫困、创造平等富足生活的道路上取得了一系列成就。这足以说明一切。

诺不轻许，许则为之。中国共产党人践行了"讲信修睦"的传统理念，对内取信于民，对外言必信、行必果，为人类谋进步，为世界谋大同。

坦赞铁路：中非友谊的见证

来自坦桑尼亚的留学生王晓乐，如今就读于浙江师范大学。王晓乐从小就对中国充满好奇，到中国的奇妙缘分也来自一条铁路——贯通东非和中南非的"大动脉"坦赞铁路。

20 世纪 60 年代，坦桑尼亚、赞比亚相继宣布独立，两国决定建设一条从坦桑尼亚到赞比亚的铁路。王晓乐说："这两个国家一没钱，二没技术，三没人才，在寻求英、美、苏等多个国家援助时，都被拒绝。但对这一笔'赔本买卖'，中国却毅然答应下来。"

1968 年，中国派出了专家队伍前往坦桑尼亚、赞比亚勘测设计。随后几年，5 万多名中国专家和工程人员前来援助，其中有

"东方红"

69 位中国人长眠在坦赞大地上。中国还提供了无息的、不附带任何条件的 9.88 亿元人民币贷款。1976 年，这条全长 1860 公里的坦赞铁路被正式移交给坦赞两国政府。

"这条铁路，给我们非洲老百姓的生活带来了翻天覆地的变化。从来没出过远门的父辈们可以出去看看外面的世界，货物商品能够快速运输出去，偏僻的村庄也可以和外界做生意了。每当有火车经过村庄的时候，小孩子们都会向火车挥手，目送它直到远方。"王晓乐说。

赞比亚开国总统卡翁达曾动情地说过一段话，表达了坦赞两国人民的共同心声："中国兄弟姐妹们来了，我们一同拼搏。你看，这种友谊多么单纯。当其他人都认为不可能的时候，我们建成了这条铁路。还有什么能超过这种友谊呢？"

这条铁路的意义不仅仅在于让当地人民出行更加顺畅自由，还在于它是一条中国人民帮助非洲人民实现民族独立和解放的自由之路。这条铁路见证着患难与共的珍贵情谊。当时中国的经济正处于艰难爬

坦赞铁路上的"东方红"机车

欢欣雀跃的人民

坡的阶段，但在这样的情况之下，我们仍然作出了援建的承诺。

坦赞铁路，是新中国历史上罕见的规模巨大的对外援助项目。当年坦桑尼亚总统尼雷尔访华，毛主席在与他会谈的时候说："你们有困难，我们也有困难，但是你们的困难和我们的不同，我们宁可自己不修铁路，也要帮你们修建这条铁路。"②我们为什么要作出这样的承诺呢？

早在20世纪50年代，毛主席就提出："中国应当对于人类有较大的贡献。"③1964年，中国政府宣布以平等互利、不附带条件为核心的对外经济技术援助的八项原则。此后，中国同多个发展中国家建立起了经济技术合作关系，援建了坦赞铁路、毛里塔尼亚友谊港、中非友谊医院等一大批重大基础设施。这一时期，中国克服自身困难，为支持其他发展中国家争取民族独立和发展民族经济提供了最大限度的支持。

那些把生命留在了坦赞大地上的中国先辈，用生命践行了我们党和我们国家在当时对非洲的兄弟国家所作出的承诺。我们作出了承诺，我们就会努力来实现它，哪怕献出我们的生命，这是"讲信修睦"最直观的体现。中国对于世界的贡献和体现出的担当精神得到了国际社会的广泛认可。

歌曲《坦赞铁路之歌》

记得 记得小时候

我家门前有一条铁路

汽笛声是我童年的节奏

我的梦想就是铁路的尽头

我们做着猜火车的游戏

村民们不断吆喝自己的生意

那熙熙攘攘的人群

不知他们从哪来 到哪去

那年我离开了妈妈

坐上火车来到了 Dar（达累斯萨拉姆）

我第一次看大海

也第一次遇到 Dar（达累斯萨拉姆）

我第一次看大海

也第一次遇到我的 malaika（天使）

Nakupenda sana mama（我非常爱你 妈妈）

Nakupenda sana TAZARA（我非常爱你 坦赞铁路）

Nakupenda sana mama（我非常爱你 妈妈）

Nakupenda sana TAZARA（我非常爱你 坦赞铁路）

Maendeleo sasa yasonga mbele（让我们一起向前）

　　1963 年到 1964 年间，周总理率领新中国的代表团访问非洲十个国家，兴起了非洲的"中国旋风"。在周总理即将到达加纳那一站时，加纳总统遇刺受伤了。这时候加纳总统很担心，中国领导人还会不会来？因为其他的国家领导人都已经取消了这次访问。周总理表示："我们不能因为人家遇到了暂时困难就取消访问，这是对人家不尊重、不支持。发生这样的事情我们还是要去，才表现出我们的真诚，患难见真情嘛！"④加纳总统恩克鲁玛为了表达对中国领导人的敬意，特地穿了一身中山装。

　　1971 年发生了一件意义重大的事件，那就是新中国恢复联合国合法席位。新中国自成立起就把本国利益同人类命运和世界各国的共同利益结合在一起，奉行独立自主的和平外交政策，中国的真诚友善赢得了越来越多国家的认可和支持，也为中国重返联合国奠定了坚实的基础。

青年声音

　　在我们的课本上有一张具有历史意义的照片，这就是，中国

乔冠华在联合国会场仰天大笑

代表团团长、外交部副部长乔冠华在联合国会场仰天大笑的瞬间被媒体定格下来，传遍全球。西方媒体形容他的大笑"震碎了联合国议事大厅的玻璃"。在那一刻，乔冠华不是代表一个人在笑，那是一个伟大国家重新站回世界舞台的自信与激动。

——青年观众 姜易萌

重返联合国标志着中国再一次走上世界的舞台，而改革开放又带来了历史巨变。到了改革开放和社会主义现代化建设新时期，邓小平对国际形势作出重大判断。他指出："现在世界上真正大的问题，带全球性的战略问题，一个是和平问题，一个是经济问题或者说发展问题。和平问题是东西问题，发展问题是南北问题。概括起来，就是东西南北四个字。南北问题是核心问题。"⑤这就用"和平与发展"取代了"战争与革命"作为时代的主题，强调与国际体系的合作为中国经济社会的快速稳定发展创造了良好的外部环境。

我们获得世界的认同，不是靠武力征服或者武器恫吓，而是源自我们民族的智慧，源自我们讲求诚信、爱好和平、求同存异的价值追求。在改革开放和社会主义现代化建设新时期，中国同外部世界的互动日益频密，而我们的外交体制机制建设也日益完善，逐渐走出了一条新型的大国外交之路，为世界范围内国家与国家之间的交往开辟出一条新的路径。这其实就是中华传统文化当中"讲信修睦"理念的生动实践。

三

进入新时代，以习近平同志为核心的党中央统筹中华民族伟大复兴战略全局和世界百年未有之大变局，汲取党的百年奋斗经验，在对外工作当中提出一系列理论并在实践中运用、发展，形成了习近平外交思想。

2014 年，习近平总书记在中央外事工作会议上首次提出，中国必须有自己特色的大国外交。我们要在总结实践经验的基础上，丰富和发展对外工作理念，使我国对外工作有鲜明的中国特色、中国风格、中国气派。⑥

习近平总书记指出："古往今来，中华民族之所以在世界有地位、有影响，不是靠穷兵黩武，不是靠对外扩张，而是靠中华文化的强大感召力和吸引力。"⑦中国特色大国外交作为中国特色社会主义制度和国家治理体系的重要组成部分，富有深厚的历史底蕴和文化底蕴。

中国人讲究"水火醯醢盐梅，以烹鱼肉"，意思是你要做一锅好菜，就需要水，需要火，需要酸的东西，需要肉、酱，需要盐，需要梅子，需要不同的物料，这是我们中国人一个非常重要的追求。中国人追求的不是同，不是千篇一律，而是美美与共。这是一个非常高妙的道理——和而不同。而新时代的中国外交实践，不断地吸收和传承中华优秀传统文化，把这些中华传统理念和价值进行创造性转化和创新性发展，其中就包含对于"讲信修睦"智慧的传承和发扬。

当今世界，百年未有之大变局加速演进，世界之变、时代之变、历史之变的特征更加明显。世界向何处去？和平还是战争？发展还是衰退？开放还是封闭？合作还是对抗？这是摆在我们面前的时代之问。构建人类命运共同体是世界各国人民前途所在。这一理念为人类社会实现共同发展、持续繁荣、长治久安绘制了蓝图，反映了包含"讲信修睦"在内的中华优秀传统文化的价值理念，顺应了人类社会发展进步的时代潮流，成为新时代中国外交的一面鲜明旗帜。

在几千年的岁月里，中国人民已经学会了如何和平相处、互相尊重。中国的历史经验证明，求同存异的共存方式是可行的。而中国文化孕育出的智慧，让人们懂得如何共存。

广西自贸试验区彰显新活力

广西与东盟国家陆海相邻，南宁是中国－东盟博览会的永久举办地。2022 年 1 月 1 日，《区域全面经济伙伴关系协定》（RCEP）生效，更为紧密的中国－东盟命运共同体正在构建中。在广西自贸试验区，处处是中国与东盟国家合作发展的生动场景与实证。

中国－东盟经贸中心 2023 年 4 月挂牌运营，旨在帮助中国企业走出去，帮助东盟企业走进广西、走进中国。

通过跨境物流，中国商品以更快的速度发往东盟各国，越来越多东盟国家的商品和企业也走进了中国市场。广西跨境电商企业负责人陈智峰表示，中国与东盟国家在不同领域有着旺盛的相互需求。广西小语种人才非常丰富，小语种直播的形式在当地取得了非常不错的成绩。

有人这样形容广西——一湾相挽十一国，"湾"指的就是包括钦州港在内的北部港湾。从这里开往东盟国家港口的航线有 30 多条，是中国和东盟国家贸易往来的重要港口之一。

钦州港是中国西南和中南地区面向东盟的最便捷的出海大通道，是西部陆海新通道的国际门户港。2022 年，钦州港对东盟进出口总值达 91.61 亿元，同比增长 37.4%。当前，我们正在

广西北部港湾：一湾相挽十一国

加快形成中国与东盟时间最短、服务最好、效率最高、价格最优的国际陆海贸易新通道，为东盟企业投资兴业提供了广阔的市场与商机。

中国与东盟互为最大贸易伙伴和重要的投资合作伙伴，双方发挥产业互补优势，相互成就、共谋发展，成为地区合作典范。我们可以看到，实现共赢的基础就是把双方的优势都发挥出来，而且要做到互相尊重、互相信任，这也就是我们今天讨论的"信"。只有在这个基础上，才能达成合作；只有合作，才能实现共赢。

中国与东盟的合作就是习近平总书记所说的"讲信修睦，合作共赢"的典型案例。一直以来，中国坚定奉行互利共赢的开放战略，不断以中国新发展为世界提供新机遇。比如，通过共建"一带一路"，东非现在有了高速公路，马尔代夫有了跨海大桥，中欧班列成为保障全球物流稳定畅通的重要"生命线"。再比如，中国主持设立的南南合作

援助基金、亚洲基础设施投资银行，为各国建设和发展提供资金支持。这些都是践行人类命运共同体理念的有效实践。

世界银行报告显示：2013 年到 2021 年，中国对世界经济增长的平均贡献率达到 38.6%，这一数字超过 G7 国家贡献率的总和。作为世界经济增长的主要引擎，中国经济具有稳定和活力足的特点，是世界发展的最重要组成部分。一个开放、充满活力的中国市场，将为中国与世界更高水平的互利合作作出贡献。

习近平总书记第三次出席由中国共产党主办的全球性政党盛会时说过："走在前面的国家应该真心帮助其他国家发展。吹灭别人的灯，并不会让自己更加光明；阻挡别人的路，也不会让自己行得更远。要坚持共享机遇、共创未来，共同做大人类社会现代化的'蛋糕'，努力让现代化成果更多更公平惠及各国人民。"[8]这段话体现了中国把自身发展和世界发展相统一的全球视野、世界胸怀和大国担当。

金砖国家合作共赢

2022年，中国成为金砖国家主席国，并在 2022 年 6 月 23 日成功举办金砖国家领导人第 14 次会晤。"构建高质量伙伴关系，共创全球发展新时代"成为金砖"中国年"的主题。中国提出以全面深化经贸、财金、创新、数字经济、绿色发展、减贫脱贫等合作为抓手，铺设加速全球发展的"金砖快线"。

2006 年，巴西、俄罗斯、印度和中国四国外长在联合国大会期间举行首次会晤，开启金砖国家合作序幕。2010 年 12 月，南非正式加入，最初的"金砖四国"变成了"金砖五国"。

金砖国家以"开放、包容、合作、共赢"为合作伙伴精神。五国的国土总面积约占世界领土面积的三分之一，人口更是占世界总人口近一半的比重。金砖国家走到一起，是国际关系发展的客观要求，是互利共赢的选择，符合国际社会共同利益。

金砖合作机制使得金砖国家经济总量占全球经济比重不断提升，国际贸易参与度显著上升。金砖国家推动建立新开发银行、应急储备安排、新工业革命伙伴关系和科技创新合作框架等成功

BRICS

巴西　　俄罗斯　　印度　　中国　　南非

合作机制；制订《金砖国家经济伙伴战略2025》，将贸易投资和金融、数字经济、可持续发展视为重点合作领域，为金砖国家经贸合作勾勒出清晰的路线图。

多年来，中国倡导和平、发展、合作、共赢，赢得了世界各国的认同。国家层面，中国与越来越多的友好伙伴构建双边命运共同体；地区层面，中国同周边国家加强了合作；全球层面，中国在政治、经济、文化、生态等多个领域取得成绩。现实已经证明，互利合作必将取代"零和"博弈，多边主义必将战胜单边主义。

金砖国家"开放、包容、合作、共赢"的合作伙伴精神，上海合作组织的灵魂"上海精神"——"互信、互利、平等、协商、尊重多样文明、谋求共同发展"，都是这些合作机制能够取得诸多务实成果的重要基础，与"讲信修睦"的理念相契合。

《联合国宪章》序言里有这样一句话："力行容恕，彼此以善邻之道，和睦相处。"这与我们中国的传统文化理念是不谋而合的。正如习近平总书记所指出的："中华文明的和平性，从根本上决定了中国始终是世界和平的建设者、全球发展的贡献者、国际秩序的维护者，决定了中国不断追求文明交流互鉴而不搞文化霸权，决定了中国不会把自己的价值观念与政治体制强加于人，决定了中国坚持合作、不搞对抗，决不搞'党同伐异'的小圈子。"[⑨]

长期以来，作为负责任大国，中国始终为世界和平与发展担当尽责。中国提出了全球发展倡议、全球安全倡议，全球文明倡议，并且与国际社会一道努力落实。

2023年3月10日，中沙伊三方在北京签署并发表联合声明，宣布沙特和伊朗双方同意恢复外交关系。外界对于中国主持了沙伊的和解给予高度评价。有政要说了这样的话，中国在过去几周解决了西方过去几十年想解决但是解决不了的难题。在处理国际关系的过程中，也能看到中国共产党对以和为贵、讲信修睦等传统文化智慧的坚持和发扬。

当前，国际形势继续发生深刻复杂的变化，百年未有之大变局加速演进。中国共产党始终以博大的胸襟和宽广的视野应对各种问题挑战，讲信修睦、胸怀天下。中国共产党必将带领中国与世界携手，合作共赢，创造全人类更加美好的未来。

注释:

① 习近平:《共克时艰,同谋发展 携手谱写远东合作新篇章——在第六届东方经济论坛全会开幕式上的致辞》,《人民日报》2021年9月4日。

② 海明威、穆东:《非洲大地上的中国丰碑》,《党建》2013年第5期。

③ 毛泽东:《纪念孙中山先生》,《毛泽东文集》第7卷,人民出版社1999年版,第157页。

④ 童小鹏:《风雨四十年》第2部,中央文献出版社1996年版,第103页。

⑤ 邓小平:《和平和发展是当代世界的两大问题》,《邓小平文选》第3卷,人民出版社1993年版,第105页。

⑥《中央外事工作会议在京举行 习近平发表重要讲话》,《人民日报》2014年11月30日。

⑦ 习近平:《在文艺工作座谈会上的讲话》,《人民日报》2015年10月15日。

⑧ 习近平:《携手同行现代化之路——在中国共产党与世界政党高层对话会上的主旨讲话》,《人民日报》2023年3月16日。

⑨ 习近平:《在文化传承发展座谈会上的讲话》,《求是》2023年第17期。

扫码可收看本期节目

诚者，天之道也；思诚者，人之道也。

——《孟子》

诚信者，天下之结也。

——《管子》

讲信修睦，谓之人利。争夺相杀，谓之人患。

——《礼记》

讲信者，讲说期约而自践之，不待盟誓。修睦者，修明和睦之教而人自亲，不待兵刑也。

——王夫之《礼记章句》

親仁善鄰

中华民族历来秉持"亲仁善邻"的理念。作为负责任大国，中国坚守和平、发展、公平、正义、民主、自由的全人类共同价值，坚持共商共建共享的全球治理观，坚定不移走和平发展、开放发展、合作发展、共同发展道路。只要坚持走和平发展道路，同各国人民一道推动构建人类命运共同体，就一定能够迎来人类和平与发展的美好未来！[1]

——习近平

拾

亲仁善邻

说文解字

"亲仁善邻"中的"仁"在儒家文化中是个非常重要的概念。《论语·颜渊》记载，孔子的学生樊迟问孔子，什么是"仁"？孔子回答说，仁就是"爱人"。

春秋　　战国　　西汉
侯马盟书　秦简　　帛书

"仁"字形演变

"仁"字最早出现在春秋晚期的侯马盟书中。《说文解字》释"仁"："仁，亲也。从人，从二。"这个"二"，其实是古文字中常见的分化符号。"仁"是为了"爱人"这个义项，在"人"字的基础上增加两横笔分化出来的。从造字的角度说，"仁"是货真价实的"以人为本"。

战国文字中还有另一类写法的"仁"的异体。从"人"从"心"，或者从"千"从"心"、从"身"从"心"。和前一章讨论的"信"一样，"仁"也是一个会意兼形声字。由"人"

从"人"　　从"千"　　从"身"
从"心"　　从"心"　　从"心"

战国郭店楚简中"仁"的三种异体写法

和"心"共同组成"爱人之心"的意义来表示"仁"，同时"人"又有表音的作用。"千"是从"人"分化出来的，"身"与"人"音义皆近，所以它们也都可以作为这种"仁"字异体的声符。

亲仁善邻、协和万邦是中华文明一贯的处世之道。和平对人类就像阳光和空气一样重要。作为负责任大国，中国坚守和平、发展、公平、正义、民主、自由的全人类共同价值，坚持共商共建共享的全球治理观，坚定不移走和平发展、开放发展、合作发展、共同发展道路。

———

"亲仁善邻"这个词最早出自《左传》。《左传》相传为春秋时期的左丘明所著。公元前719年，宋、卫、陈、蔡四国联军攻打郑国，此后，郑、宋、卫、陈、蔡五国陷入长期战乱。为平息战事，郑国主动派使者与邻国陈国讲和，可是陈桓公推辞不见。这时

左传·隐公六年（节选）

五月庚申，郑伯侵陈，大获。往岁，郑伯请成于陈，陈侯不许。五父谏曰："亲仁善邻，国之宝也。君其许郑。"陈侯曰："宋、卫实难，郑何能为？"遂不许。

情景演绎《亲仁善邻》

陈国的执政大臣五父，把"亲仁善邻"当成立国的法宝，用以劝谏陈桓公与郑国休战。"亲仁善邻"的意思是亲近仁德，与邻邦友善相处。在这段故事里，五父的劝谏没有奏效，但是"亲仁善邻"这句话却流传了下来，在以后的典籍中被多次引用，被我们奉为中华民族一以贯之的处世之道。

"亲仁"，至少有两层含义，第一层是我们要亲近仁者。孔子说："夫仁者，己欲立而立人，己欲达而达人。"这里的"仁者"，指的是具有"仁"这种品德的人。"亲仁"的第二层意思是亲近"仁"这种品德。作为中国儒家文化的核心概念之一，"仁"在《论语》里面一共出现了109次，它是一种非常崇高的"全德"。"亲仁"的这两层含义，在本质上都是向着"仁"这种崇高的德行无限靠近，我们最终的目标就是实现"仁"，"亲仁"所追求的正是人和人之间在平等的基础之上相亲相爱、和睦相处。

"善邻"的本意就是和邻居或邻邦友好相处，而在"亲仁善邻"这个词最初出现的语境里，"善邻"倡导的就是与邻国为善、以邻国为伴的立场和态度，它是一种和邻国平等相待、互相尊重、友好相处的模式。

中国人这种"睦邻"的思想由来已久。中国最早的典籍《尚书》中有"睦乃四邻""以和兄弟"的说法，意思是，你要与你的四邻和睦相处，你要跟你的邻国搞好关系，以使兄弟之邦关系和谐。确实，春秋时期是一个礼崩乐坏、陷入长期分裂战乱的年代，但越是在这样的时候，人们越是渴望和平，越是希望重新建立起秩序。而要建立起秩序，其实要依靠人类对于秩序背后的那个仁义的信心。

春秋时期不仅战乱不断，而且自然灾害频发。在大的灾害面前，当自身力量无法渡过难关的时候，只能寻求别国的帮助。有一年，晋国的粮食歉收，百姓流离失所，于是求助于邻国。秦穆公接受了大臣百里奚的劝谏，出手救助了晋国，帮助晋国百姓渡过了难关。可见当时国与国之间，是能够做到和睦相处、守望相助的。

周朝早期是一个相对和平的时代，但是到了春秋时期，尤其是战国时期，出现了一些王国。它们挑战其他王国，寻求扩大自己的权力和资源，导致了许多战争和死亡。也就是在这一时期，出现了一些伟大的哲学流派，鼓励节制和尊重他人，如善待自己的邻居。但是，包括"亲仁善邻"在内的一些理念并不总是为当时的君王所遵循，日后却成为了中国传统哲学的精华。

在"亲仁善邻"中，"亲仁"和"善邻"是相互呼应、相互补充的关系，"亲仁"是建立"善邻"关系的基础，"善邻"则是对"亲仁"理念的具体实践。可以说，这体现了中华民族传统的睦邻智慧与处世之道，也成为我们今天所说的"构建人类命运共同体"的思想源泉之一。

齐桓公礼遇燕国

公元前 663 年，北方的山戎侵略燕国。由于国力弱小，燕国即使全力抵抗也难以摆脱被围困的局面。燕王派人突围出去，向邻邦齐国寻求帮助，齐桓公得知后亲自带兵解救了燕国。燕王满怀感激之情亲自为齐桓公送行，一路将他送出燕国的边境，直到进入齐国的境内 50 里处还不愿意停下。齐桓公是一位"尊礼"之君。他说，只有送天子才能送出自己的国境，诸侯间的相送不能超出自己的国境。为了不让燕国背上"不尊礼法"的恶名，齐桓公划沟为界，把燕王送他所抵达的地方赠送给了燕国。

齐桓公救助并且礼遇燕国的大义之举，使得齐国的声望大幅攀升。

齐桓公时期的齐国在当时是第一强国，可是它对国力弱小的邻国燕国还是给予了很大的帮助。齐国采取"睦邻亲邻"的外交政策，为国家发展创造了一个和平稳定的外部环境。孔子曾对齐国的道义外交予以高度赞扬："桓公九合诸侯，不以兵车，管仲之力也！如其仁，如其仁！"

在国家与国家的交往中，总是有实力强大、弱小之分，那么强国该如何对待弱国呢？《周礼》记载，大国"比小"，"以和邦国"，意思是说大国要亲近小国。墨家也主张"大不攻小也，强不侮弱也，众不贼寡也"，国家与国家之间应该做到不以大压小，不以强凌弱，不以众欺寡。这是"亲仁善邻"思想不断丰富和完善的一个重要体现。

回过头看中国历史会发现，在相当长的历史阶段，中国都是世界强国，探索过各种各样的睦邻政策。比如，汉代推行和亲政策、通商互市，唐朝全方位地开放，明朝提出将15个周边国家列为"不征之国"。这些睦邻政策塑造了和平友好的国家形象，成就了古代中国"近悦远来""四海一家"的盛世景象。

在明朝，有一位意大利传教士利玛窦。这位杰出的外国友人，在亲眼见到中国对待邻国的友好和平的态度后，评价中国："虽然他们有装备精良的陆军和海军，很容易征服邻近的国家，他们的皇上和人民却从未想过发动侵略战争。他们很满足于自己已有的东西，没有征服的野心。"

唐朝"留学生"崔致远

咸通九年（868），在新罗通往大唐的航线上，几艘新罗商船正破浪前行。甲板上，站着年仅12岁的新罗少年——崔致远。他此行的目的，是远赴千里之外的大唐首都长安求学。

　　入唐之后，崔致远进入国子监学习。12年后，他参加科举考试，一举及第。登科及第的崔致远没有就此衣锦还乡，而是选择了继续留在大唐。直至中和四年（884），28岁的崔致远获准以唐朝国信使的身份重回新罗。在他看来，这次归国是"既传国信兼家信，不独家荣亦国荣"。回国伊始，崔致远就将在唐时所著杂诗赋及表奏集28卷、《桂苑笔耕集》等呈送给当时的新罗国王。这些文集，很快流传开来，深受民众推崇。后来，崔致远被新罗奉为"百世之师"。

　　唐朝是中国历史上一个非常强盛的朝代，也是一个非常开放的朝代。日本也好新罗也好，包括一些东南亚的国家，都和我们在政治上、经济上、文化上进行着各种形式的友好往来。唐朝的文化源源不断地向外辐射，唐王朝当时还接收来自周边国家的留学生。据《新唐书》记载："新罗、高昌、百济、吐蕃、高丽等群酋长并遣子弟入学。"除此之外，唐王朝在科举考试中还专门吸收"宾贡进士"，就是留学生也可以参加考试。正是因为长安采取了这样一种开放包容的态度，加上在当时它又是一个文明的高地，所以四方学子纷至沓来，到长安留学就成为当时周边国家的一种风气。而唐朝的这种做法既向邻国传达了友好的态度，跟邻国建立了更加密切的联系，同时也传播了我们绚丽辉煌的中华文化。

　　唐朝也是一个繁荣和宽容的朝代。在唐朝的长安，来自不同地区，拥有不同文化、宗教信仰和语言的人们可以聚在一起分享思想，进行贸易和交流，并相互学习。日本就是一个典型，其先后19次派出遣唐使来唐学习思想、技术、文化、制度等。

　　在中国历史上的对外交流中还出现过很多有深远国际影响的事件。比如说汉朝时张骞出使西域，"凿空之旅"开启了陆上的"丝绸之路"，

如今，大唐不夜城已成为西安的文化旅游名片，吸引了无数对大唐怀有遐想的游客

促进了中国和西域国家文明的交流。唐朝的时候有鉴真东渡，将中国文化向日本做了全面的介绍和传播，包括建筑、雕塑、美术、文学、医学等。明朝的郑和下西洋，不仅输出了丝绸、茶叶、瓷器等丰富的物产，而且还沿途传授了造船、耕种、畜牧等技术。这些故事都是中国古代"亲仁善邻"的生动写照，成为中国与其他国家友好交往的千古佳话。

从文明形态上看，中华文明主要起源于内陆和农耕，是一种内敛的、防御的文明，以自给自足、自食其力为生存模式和思维方式。为了耕种，中国世世代代祈求的都是稳定与和平，厌恶战争和攻伐，可以说和平是中华民族骨子里的追求。

从文化传统上说，"亲仁善邻"理念有着深厚的历史积淀。比如说《左传》当中有"化干戈为玉帛"，《司马法》里面强调"国虽大，好战必亡"，《论语》里面说"和为贵"，这些中国传统文化里边隐含的"亲仁善邻"理念已经根植于我们的文化基因。

二

中国共产党成立以后，高度重视马克思主义基本原理同中华优秀传统文化相结合，赋予了"亲仁善邻"新的时代价值和意义。

和平共处五项原则的诞生

1949年10月1日，中华人民共和国开国大典上，毛泽东向全世界宣读了《中华人民共和国中央人民政府公告》。正是在这份开国公告里，中国政府庄严宣告："凡愿遵守平等、互利及互相尊重领土主权等项原则的任何外国政府，本政府均愿与之建立外交关系。"[②]这一宣告翻开了新中国外交崭新的一页。

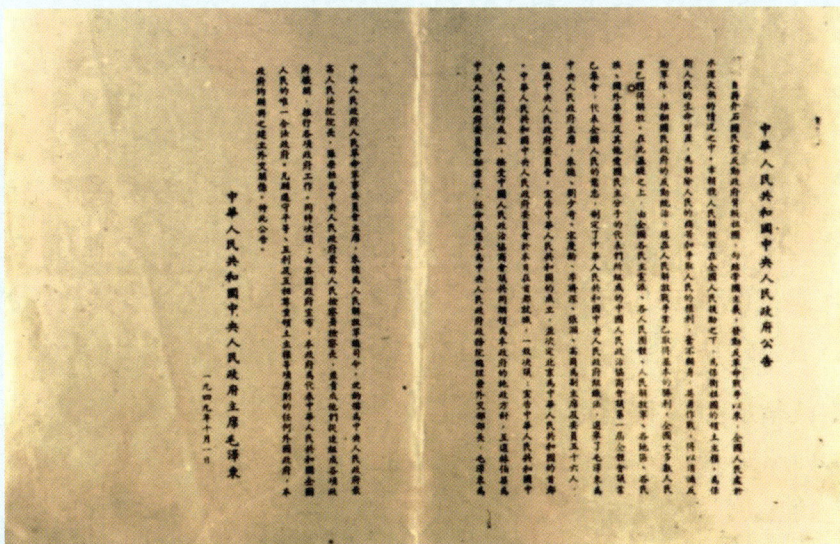

《中华人民共和国中央人民政府公告》

　　时间来到 1953 年 12 月 31 日，周恩来在同印度政府代表团谈话时，首次提出国家之间和平共处的五项原则，即"互相尊重领土主权、互不侵犯、互不干涉内政、平等互惠和和平共处"。③

　　1955 年举世瞩目的万隆会议上，周恩来再次在大会发言中提出"五项原则完全可以成为在我们中间建立友好合作和亲善睦邻关系的基础"④，并将"互相尊重领土主权"改为"互相尊重主

万隆会议上的各国代表

权和领土完整"加以表述。至此，和平共处五项原则的表述方式就被确定下来。

从和平共处五项原则的具体内容"互相尊重主权和领土完整、互不侵犯、互不干涉内政、平等互利、和平共处"中，可以看到"尊重""平等""互利""和平"这样的字眼，这些都和传统的"亲仁善邻"的中国智慧是一脉相承的。1954年，毛主席在和缅甸总理吴努的谈话当中就指出："不论大国小国，互相之间都应该是平等的、民主的、友好的和互助互利的关系，而不是不平等的和互相损害的关系。"⑤

域外声音

刚才聊到的和平共处五项原则，我在很小的时候就了解到。在我们家乡有个词叫作"胞波"，是兄弟同胞的意思，这也是我们缅甸对中国人民的亲切称呼。今天我还想和大家分享一首诗，这首诗是当时陈毅元帅写的《赠缅甸友人》：

我住江之头，君住江之尾。

彼此情无限，共饮一江水。

我汲川上流，君喝山下水。

川流永不息，彼此共甘美。

彼此为近邻，友谊长积累。

不老如青山，不断似流水。

——缅甸青年 兰怡

二战以后，形成了社会主义与资本主义两大阵营截然对立的世界格局。而中国提出的和平共处五项原则，超越了意识形态和社会制度的差异，成为解决国与国之间问题的基本准则，为国际关系的发展作出了巨大贡献。这一重大外交原则的提出，既汲取了中国古人"亲仁善邻""和而不同"的传统智慧，又作出了极大的创新。

和平共处五项原则的提出，得到了国际社会的普遍接受，也打开了新中国外交的新局面。到1979年底，同中国建交的国家已经多达120个，遍布五大洲。可以说提出并倡导与世界各国"和平共处"，就是这一时期新中国"亲仁善邻"理念的生动体现。

在改革开放的过程中，邓小平提出，"和平和发展是当代世界的两大问题"。⑥在这一方针的指引下，中国更好地融入世界，被世界逐渐接纳。可以说，我们向世界打开了大门，而世界也向我们伸开了双臂。

中国通过上海合作组织、东盟与中日韩合作、东盟地区论坛、亚洲合作对话、中俄印和中日韩等多个多边对话机制，全力地促进了本地区的睦邻合作。中国及周边地区成为世界上最有发展活力和潜力的经济板块，和周边国家一起，共筑稳定和谐的国家关系结构，实现共同的发展，生动诠释了这一时期的"亲仁善邻"。

三

党的十八大以来，中国特色社会主义进入新时代，中国日益走近世界舞台的中央。新时代，我们"亲仁善邻"的传统理念也得到了继承与发展。

党的十八大以来，以习近平同志为核心的党中央，深刻把握新时代中国与世界发展大势，在对外工作中进行了一系列重大的理论和实践的创新，形成了习近平外交思想。

2013 年 3 月 22 日，习近平主席在俄罗斯"中国旅游年"开幕式上的致辞中，首次引用了"亲仁善邻，国之宝也"。此后习近平主席在访问周边国家、阐述周边外交理念的时候也多次引用"远亲不如近邻""好邻居金不换""亲望亲好，邻望邻好"等古语俗谚，这就充分展现了我国开放包容的胸襟和"亲仁善邻"的情怀。

2013 年 10 月，新中国成立以来第一次针对周边外交工作举行的高规格会议——周边外交工作座谈会在北京召开。习近平总书记强调，我国周边外交的基本方针，就是坚持与邻为善、以邻为伴，坚持睦邻、安邻、富邻，突出体现亲、诚、惠、容的理念。⑦"亲诚惠容"可以说是新形势下，中国坚持走和平发展道路的生动宣示。

　　"亲诚惠容"这个"亲"就是"要坚持睦邻友好，守望相助；要讲平等、重感情；常见面，多走动；多做得人心暖人心的事，使周边国家对我们更友善、更亲近、更认同、更支持，增强亲和力、感召力、影响力"。"诚"，讲的是"要诚心诚意对待周边国家，争取更多朋友和伙伴"。"惠"，强调的是"要本着互惠互利的原则同周边国家开展合作，编织更加紧密的共同利益网络，把双方利益融合提升到更高水平，让周边国家得益于我国发展，使我国也从周边国家共同发展当中获得裨益和助力"。"容"，指的是"要倡导包容的思想，强调亚太之大容得下大家共同发展，以更加开放的胸襟和更加积极的态度促进地区合作"。⑧

"一带一路"倡议

　　2013年9月和10月，习近平主席在出访中亚和东南亚国家等周边国家期间，先后提出共建"丝绸之路经济带""21世纪海上丝绸之路"的重大倡议，简称"一带一路"倡议。倡议一经提出，

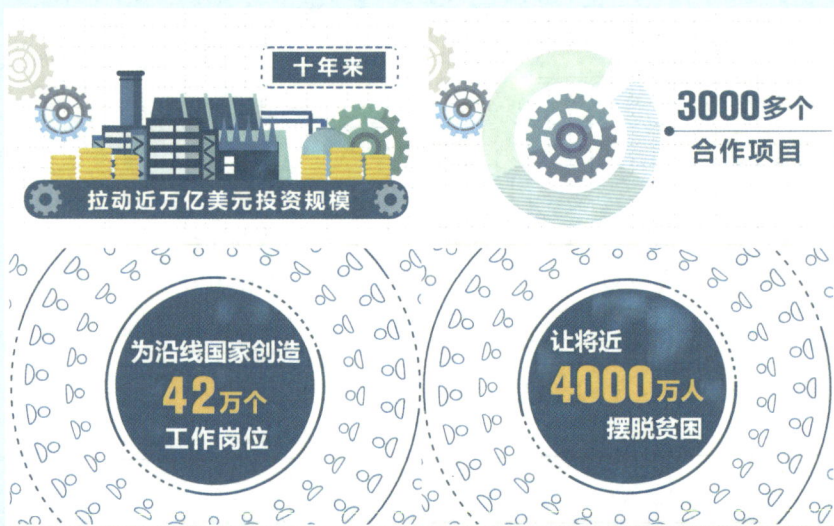

得到了国际社会的广泛认同和积极响应。

　　"一带一路"倡议秉持共商、共建、共享的原则，旨在借用古代丝绸之路的历史符号，高举和平发展的旗帜，积极发展与沿线国家的经济合作伙伴关系，专注于沿线各国的政策沟通、设施联通、贸易畅通、资金融通和民心相通，以协同发展打造命运共同体。

　　习近平主席将"一带一路"比喻成为亚洲腾飞的两只翅膀⑨，强调"'一带一路'倡议的首要合作伙伴是周边国家，首要受益对象也是周边国家"⑩。共建"一带一路"，让我国的周边外交有了切实的抓手，对推动中国与周边国家在基础设施建设、经贸合作、人文交流等领域的合作具有深远的意义。

中国助力孟加拉全国通电

　　"在我看来，'一带一路'给我们带来的是美好的生活和经济的发展，将帮助我们早日实现'金色孟加拉国'的梦想。"正在江苏大学留学的希姆说。

　　在希姆的祖国孟加拉国，到 2016 年，仍有超过 1000 万户农村家庭没有用上电。2016 年，孟加拉国收到了一笔来自亚投行总计 1.65 亿美元的贷款，用于配电系统升级改造。该项目意味着需要架设 7.5 万公里输电线，新增 250 万个电表、6.5 万个变压器。同在 2016 年，中孟合资的帕亚拉燃煤电站开建，并于 2022 年正式投运。自此，孟加拉国成为南亚第一个全国通电的国家。

帕亚拉燃煤电站

　　"亲仁善邻"的一个重要原则是"己欲立而立人，己欲达而达人"，就是自己国家发展好了，也要让周边国家发展好。如今中国已经是新兴发展中大国，我们有能力也有底气帮助周边国家改善基础设施。所以"亲仁善邻"，不是单纯地和周边国家和平友爱，而是要"美人之美，美美与共"。正如习近平总书记多次引用的"亲望亲好，邻望邻好"，我们不仅自己好，也希望我们的邻居好。

　　"一带一路"倡议提出以来，中国与共建国家合作建设了许多的基础设施，既有铁路、公路、港口、机场等交通基础设施，还有风电站、光伏发电站、水电站等能源基础设施。一方面帮助这些国家实现了自主可持续的发展，另一方面也为互联互通打下了基础。

　　中国在推进"一带一路"建设的过程中，还设立了丝路基金，发起倡议设立了亚洲基础设施投资银行，为沿线国家基础设施的建设提供了强大的资金支持。这对于消除贫困、促进共同繁荣至关重要。

中哈物流：天涯若比邻

在距离哈萨克斯坦 4000 多公里的黄海之滨连云港，件件集装箱整齐排列，整装待发。

连云港中哈国际物流有限公司总经理左学梅介绍，中哈（连云港）物流合作基地于 2014 年成立，是"一带一路"倡议提出后的首个实体平台项目。这里有两条铁路线直通哈萨克斯坦。

通过信息化建设，双方实现了人员互派、业务联动、信息共享。在连云港中哈国际物流有限公司总控中心，能够看到哈萨克斯坦的无水港的实时画面。在哈萨克斯坦的家门口，就能实时看到连云港的"出海口"，实现了天涯若比邻。

来自哈萨克斯坦的马合江，如今是连云港中哈国际物流有限公司业务员。马合江介绍，哈萨克斯坦过境中国的进出口货物中，有80%都是通过这里集散分发的。基地营业8年多以来，中哈双方并肩合作，成绩斐然。基地连接起的，不仅是一条横跨东西的物流大通道，更是中哈两国交流协作的友谊之路。

全球货物贸易的绝大多数是通过海运实现的。哈萨克斯坦是世界上最大的内陆国家，没有海港。这个物流基地为哈萨克斯坦的海上运输开辟了通道，为该国带来了新的发展机遇。

2022年，中国同包括哈萨克斯坦在内的中亚五国、东盟十国、俄罗斯的贸易增长，同比提升了40%、15%、35%。在和周边国家的经贸合作中，合作共赢的模式、亲诚惠容的外交理念、共商共建共享的中国方案，编织起了更加紧密的共同利益网络。

这里我们看到最多的是"亲诚惠容"的"惠"，"惠"就是互惠互利、共同发展。正如习近平主席所说的："中国人民张开双臂欢迎各国人民搭乘中国发展的'快车'、'便车'。"⑪

在贸易保护主义、单边主义抬头，某些国家强推贸易投资限制措施的背景下，新时代的中国积极推动《区域全面经济伙伴关系协定》（RCEP）的正式生效，并积极与周边国家签署了一系列的自贸协定，通过一系列的坚实举措，让开放合作的大门越开越大，让中国市场成为世界的市场、共享的市场、大家的市场。

中老铁路造梦老挝

来自老挝的李东如，如今是上海应用技术大学的留学生。2019年，他抓住"一带一路"澜湄合作项目提供的机会，到中国

老挝 80% 的国土是山地和高原

攻读铁道工程专业。"成为一名铁路工程师一直是我的梦想，到中国留学，就像梦想照进了现实。"

李东如介绍，老挝 80% 的国土是山地和高原，在自身没有高精尖技术团队的情况下，修建铁路几乎是不可能的事。2016 年，"一带一路"重点项目中老铁路工程全面开工。在这之前，老挝只有一段不到 4 公里的铁路。

"就在我大四那年，也就是 2021 年 12 月 3 日，中老铁路开通了，我和同学们一起看了开通仪式的现场直播。当时我觉得，老挝人民盼望的幸福生活，正随着这辆火车奔驰而来。"回忆这一幕，李东如仍然难抑激动。

如今，李东如的老挝学长、学姐回到家乡，以铁路工程师的身份保障着这条幸福之路的正常运行。"我选择留在上海继续攻读研究生，想学得更专一点、更精一点，成为更优秀的铁路建设者。"

中老铁路首铺仪式合影

中老铁路首铺仪式现场工作图

国之交在于民相亲，民相亲在于心相通。中老铁路的建设中，既有基础设施的"硬连通"，也有留学教育带来的"软连通"，更重要的是有中老人民之间的"心相通"。党的十八大以来，我们大力支持周边的人文交流，广泛开展教育、医疗、科技、文化等各个领域的合作，努力架设一座又一座民心相通的桥梁。

教育可以说是对民心相通最有影响力的抓手之一。这几年，每年大约有 50 万的外国留学生来到中国留学，其中亚洲国家占了将近六成。此外，国内高校还根据自身的专长和特点，成立了合作机构或者学院。比如，2016 年由中国发起成立的"鲁班工坊"现在已经在泰国、塔吉克斯坦等 19 个国家落地，结合合作国家的产业需求，为其培养技术人才。

近年来，很多共建"一带一路"国家的留学生，纷纷来到中国。在这个过程中，不仅他们学习了中华文化，很多中国人也从他们身上学到了他们国家的文化，真正地做到了民心相通。民心相通既增进了各国人民间的友谊，加深了相互的了解，又助推了经济合作。

歌曲《一路繁花》

【中国】

好一朵美丽的茉莉花，好一朵美丽的茉莉花。

芬芳美丽满枝桠，又香又白人人夸。

让我来将你摘下，送给别人家。

茉莉花呀茉莉花。

【马来西亚】（歌词大意）

我能感受到心在跳动。

从远方看到你，我能感受到心在跳动。

栅栏外面有尖必达果实，拿根杆子戳一些下来。

我只是一个刚开始学习的孩子，如果我犯错了请告诉我。

【乌兹别克斯坦】（歌词大意）

他们说你有柳叶般的细眉，聪明可爱的姑娘啊。

眉毛很美的姑娘在哪呢，露出你黑色的眉毛，让我看看吧。

眉毛很美的姑娘在哪呢。

露出你黑色的眉毛，让我看看吧。

眉毛很美的姑娘在哪呢。

【俄罗斯】（歌词大意）

美丽的雪球花儿，雪球花儿，雪球花。

花园里长满了雪球花儿，雪球花。

美丽的雪球花儿，雪球花儿，雪球花。

花园里长满了雪球花儿，雪球花。

美丽的雪球花儿，雪球花儿，雪球花。

花园里长满了雪球花儿，雪球花。

【意大利】（歌词大意）

看晚星多明亮，闪耀着金光。

海面上微风吹，碧波在荡漾。

在黑夜之前，请来我小船上。

桑塔露琪亚桑塔露琪亚。

【青年代表合唱】

好一朵美丽的茉莉花，好一朵美丽的茉莉花。

芬芳美丽满枝桠，又香又白人人夸。

让我来将你摘下，送给别人家。

茉莉花呀茉莉花。

茉莉花。

　　亲仁善邻、协和万邦是中华文明一贯的处世之道。与邻里、邻邦和睦相处、守望相助，与不同文明多交流、多对话，不仅是中国人一贯的处世之道，也是中华民族所追求的道德目标之一。前进道路上，我们将继续坚持以邻为伴、与邻为善，坚持睦邻惠邻，继续推动构建人类命运共同体，携手促进世界和平与发展。

　　历史长河波澜壮阔，一代又一代人接续奋斗创造了今天的中国。我们要坚定文化自信，坚持走自己的路，立足中华民族伟大历史实践和当代实践，用中国道理总结好中国经验，把中国经验提升为中国理论，实现精神上的独立自主。我们要秉持开放包容，坚持马克思主义中国化时代化，传承发展中华优秀传统文化，促进外来文化本土化，不断培育和创造新时代中国特色社会主义文化。我们要坚持守正创新，以守正创新的正气和锐气，赓续历史文脉、谱写当代华章。

　　让我们更加紧密地团结在以习近平同志为核心的党中央周围，全面贯彻习近平新时代中国特色社会主义思想，深刻领悟"两个确立"的决定性意义，增强"四个意识"、坚定"四个自信"、做到"两个维护"，坚定信心、同心同德、埋头苦干、奋勇前进，为全面建设社会主义现代化国家、全面推进中华民族伟大复兴而团结奋斗！

注释：

① 习近平：《在纪念中国人民志愿军抗美援朝出国作战 70 周年大会上的讲话》，《人民日报》2020 年 10 月 24 日。

② 毛泽东：《中华人民共和国中央人民政府公告》，《毛泽东文集》第 6 卷，人民出版社 1999 年版，第 2 页。

③ 中共中央文献研究所：《周恩来年谱（1949—1976）》上卷，中央文献出版社 1997 年版，第 342 页。

④ 周恩来：《在亚非会议全体会议上的发言（补充发言）》，《周恩来选集》下卷，人民出版社 1984 年版，第 155 页。

⑤ 毛泽东：《同缅甸总理吴努的谈话》，《毛泽东文集》第 6 卷，人民出版社 1999 年版，第 378 页。

⑥ 邓小平：《和平和发展是当代世界的两大问题》，《邓小平文选》第 3 卷，人民出版社 1993 年版，第 104—106 页。

⑦《习近平在周边外交工作座谈会上发表重要讲话强调：为我国发展争取良好周边环境》，《人民日报》2013 年 10 月 26 日。

⑧《习近平在周边外交工作座谈会上发表重要讲话强调：为我国发展争取良好周边环境》，《人民日报》2013 年 10 月 26 日。

⑨ 习近平：《联通引领发展　伙伴聚焦合作——在"加强互联互通伙伴关系"东道主伙伴对话会上的讲话》，《人民日报》2014 年 11 月 9 日。

⑩ 习近平：《深化合作伙伴关系　共建亚洲美好家园——在新加坡国立大学的演讲》，《人民日报》2015 年 11 月 8 日。

⑪ 习近平：《共担时代责任，共促全球发展》，《求是》2020 年第 24 期。

扫码可收看本期节目

亲仁善邻，国之宝也。

——《左传》

大道不孤，德必有邻。

——《论语》

己欲立而立人，己欲达而达人。

——《论语》

视人之国，若视其国；视人之家，若视其家；视人之身，若视其身。

——《墨子》

夫亲仁善邻，古之令轨。

——《魏书》

后记

　　本书根据大型通俗理论节目《中国智慧中国行》电视台本整理编撰而成。

　　张爱军任本书编委会主任，梁勇、赵金松、曹远剑任副主任，葛莱任执行主任，吴以桥、陆峰、陈辉、蒋宏宾、顾建国、任桐、蒋小平、季建南、何宁、崔峰任编委，徐小跃、王炳林、王向明任学术顾问，韩震、郝立新、王义桅、郦波、赵冬梅、田辰山、沈湘平、温海明为专家组成员。

　　葛莱任本书编写组主编，确定了本书编撰的指导思想和基本原则，并审定书稿。蒋小平、季建南任副主编，统筹编辑出版事宜。曹海滨、戴波主持具体编撰工作，周嘉昕、程少轩、朱晓颖负责统稿，杜珺、曹晨、夏凌云、胡笑笑承担了大量工作，张浩、李秋雨、高巍、梁坤、上官卉子、莫玫瑰、范家梁等参与编撰。

　　本书的编辑出版得到了江苏人民出版社的大力支持，从社领导到责任编辑对本书的修改完善提出了不少宝贵意见，在此表示衷心感谢。

　　书中难免有疏漏和不当之处，欢迎广大读者批评指正！

本书编写组

2024 年 4 月